Inhalt

Faszination Gemüseküche 7

Gute Laune auf dem Teller 10

Suppenglück 40

Klassiker neu interpretiert 62

Genussküche 90

Süßes Finale 116

Wissenswertes vom Sternekoch 144

Grundrezepte • Basiswissen 156

Anhang 182

Rund acht Millionen Vegetarier leben nach aktuellen Erhebungen des Vegetarierbunds in Deutschland. Tendenz steigend. Ihre Gründe, auf Fisch und Fleisch zu verzichten, sind vielfältig: Moralische, tierethische, gesundheitliche, ökologische, soziale und emotionale Argumente sprechen für immer mehr Menschen gegen eine Ernährung, die im Wesentlichen auf tierischen Produkten basiert. In der Regel essen Vegetarier weder Fleisch noch Fisch. Die meisten sind Anhänger der Ovo-Lacto-Ernährung. Sie verzichten auf Fleisch und Fisch, essen aber Milchprodukte und Eier. Ovo-Vegetarier essen auch keine Milchprodukte, oft aufgrund einer Laktose-Unverträglichkeit, dafür aber Eier. Lacto-Vegetarier dagegen verzehren keine Eier, dafür Milchprodukte. Veganer lehnen die Nutzung von Tieren komplett ab. Sie essen weder Milchprodukte noch Eier und Honig, ebenso keine mit Gelatine zubereiteten Produkte. Viele meiden auch Lederwaren sowie Kleidung aus Wolle oder Seide. Auf dem Vormarsch sind außerdem die Flexitarier, Teilzeitvegetarier, die ein- oder mehrmals in der Woche auf Fisch und Fleisch verzichten. Ihr Anspruch: weniger von dem zu essen, was für Umwelt und Gesundheit problematisch ist.

Noch wird der konsequente Verzicht auf Fisch und Fleisch von vielen „Normalessern" belächelt, vor allem Veganern wird häufig das Attribut „genussfeindlich" verliehen. Ganz zu Unrecht, wie Sie bei der Lektüre dieses Buchs entdecken werden. Ich zeige Ihnen, wie abwechslungsreich und köstlich diese Ernährungsart sein kann. Ob asiatisch, mediterran oder klassisch deutsch – die vegetarische Küche hat viele Facetten und Aromen. Begleiten Sie mich auf meiner Entdeckungsreise zu neuen Genusswelten – und Sie werden feststellen, dass Feinschmecker auch fleischlos glücklich sein können.

Achim Schwekendiek

Gute Laune auf dem Teller

Nudeln machen glücklich. Was Pasta-Fans schon immer instinktiv ahnten, haben Ernährungsexperten jetzt wissenschaftlich untermauert. Die komplexen Kohlenhydrate im Nudelteig regen im Gehirn die Produktion von Serotonin an, einem Botenstoff, der gute Laune auslöst. Gleiches gilt für andere kohlenhydratreiche Lebensmittel wie Kartoffeln oder Polenta.

Auch frisches Gemüse und Obst heben langfristig die Stimmung. Das liegt nicht nur an ihren gesunden Inhaltsstoffen, sondern auch an ihren fröhlichbunten Farben. Wer könnte schon dem verlockenden Rot von Himbeeren und Tomaten widerstehen, dem saftigen Grün junger Erbsen und knackiger, gartenfrischer Salatblätter oder dem Sonnengelb reifer Orangen?

Kluge Köche achten deshalb darauf, dass die Zutaten auf einem Teller nicht nur geschmacklich, sondern auch farblich harmonieren. Getreu dem Motto: Das Auge isst mit.

Die vegetarische Küche bietet viel Platz für Ihre Kreativität. Experimentieren Sie mit unterschiedlichen Texturen und Temperaturen wie beim cremigen Risotto mit halbgetrockneten Tomaten, der auf knusprigen Kräuterhippen angerichtet wird, oder wie beim Ziegenkäse-Espuma mit eiskaltem Paprika-Himbeer-Granité auf frisch geröstetem Brot. Diese perfekten Geschmacksvergnügen zaubern garantiert jedem Feinschmecker ein Lächeln aufs Gesicht. Auch ohne Nudeln.

Nudelrisotto mit halbgetrockneten Tomaten und Rucolasalat

Rucola
halbgetrocknete Tomaten
schwarze Oliven
Kritharaki
labfreier Hartkäse

Nudelrisotto mit halbgetrockneten Tomaten und Rucolasalat

Zubereitungszeit: 30 Minuten + 2 Stunden 25 Minuten für die Hippen

Zutaten für 4 Portionen

16 Kräuterhippen
(Rezept Seite 152)
1 Bund Rucola
3 Schalotten
3 EL Olivenöl
12 EL Nudelrisotto
(Kritharaki*)
700 ml Gemüsebrühe
(Rezept Seite 158)
4 EL halbgetrocknete Tomaten
(grob gehackt)
6 EL schwarze Oliven
(entkernt)
6 EL labfreier Hartkäse
(frisch gerieben)
2 EL Butter
(kalt)

Außerdem
etwas labfreier Hartkäse
(zum Garnieren)

Zubereitung

■ Die **Kräuterhippen** herstellen.

■ Den **Rucola** putzen, waschen, trocken schleudern und grob hacken.

■ Die **Schalotten** schälen und fein hacken. Das **Olivenöl** in einem Topf erhitzen und die Schalotten darin glasig anschwitzen. **Nudelrisotto** zugeben und kurz mitdünsten. Mit etwas **Brühe** ablöschen. Sobald keine Flüssigkeit mehr im Topf ist, restliche **Brühe** unter stetigem Rühren nach und nach angießen. Nach 12 Minuten etwa drei Viertel der **Tomaten** hinzufügen.

■ Sobald der Risotto weich ist, jedoch noch Biss hat – das dauert etwa 20 Minuten –, eine kleine Handvoll Rucola und die **Oliven** hinzufügen. Risotto mit dem **Käse** und der kalten **Butter** leicht binden.

Anrichten

■ Den Risotto zwischen den Hippen anrichten und mit restlichem **Rucola,** den restlichen halbgetrockneten **Tomaten** und etwas gehobeltem **Hartkäse** garnieren.

Tipp

*Kritharaki (griechisch: Gerste) ist eine griechische Nudelspezialität aus Hartweizengrieß. Die Form der Nudel ist die eines Gerstenkorns, erinnert aber auch an Langkornreis. In Italien ist die Nudel unter dem Namen Risoni bekannt; auch Orzo oder Manestra ist geläufig. Heute findet man Kritharaki auch bei uns in guten Supermärkten und ausgewählten Bioläden. Türkische Läden führen diese Spezialität unter dem Namen Arpa Şehriye.

Tandooripaste
Kartoffeln
griechischer Joghurt
Brokkoli
Lauchzwiebeln

Kartoffelsamosas mit Tandoorijoghurt

Kartoffelsamosas mit Tandoorijoghurt

Zubereitungszeit: 25 Minuten

Zutaten für 4 Portionen

6 Kartoffeln (mehligkochend, extragroß; gekocht und geschält)
1 TL Ingwer (fein gehackt)
1 Msp. Knoblauch (fein gehackt)
1 Prise Cumin (gemahlen)
½ TL Ras el-Hanout
etwas Salz
½ Chilischote (fein gewürfelt)
1 Spritzer Aceto balsamico bianco
4 Lauchzwiebeln (geputzt und fein gewürfelt)
2 Kartoffeln (festkochend, extragroß; roh und geschält)
4 EL Sonnenblumenöl
500 g Brokkoli (geputzt, gewaschen und in Röschen geteilt)
1 TL Tandooripaste
6 EL griechischer Joghurt (10 %)

Zubereitung

■ Die Hälfte der **gekochten Kartoffeln** pürieren und mit **Ingwer, Knoblauch, Cumin, Ras el-Hanout** und **Salz** würzen.

■ **Chiliwürfel** und **Aceto balsamico bianco** sorgfältig verrühren.

■ Die andere Hälfte der **gekochten Kartoffeln** in Würfel schneiden und zusammen mit den **Lauchzwiebeln** und der Chili-Balsamico-Mischung unter das Kartoffelpüree geben.

■ Aus den **rohen Kartoffeln** dünne, rechteckige Streifen schneiden und etwas von der Füllung daraufgeben. Dann wie Samosas* einwickeln.

■ Das **Sonnenblumenöl** in einer Pfanne erhitzen und die Samosas von beiden Seiten braten. Die **Brokkoliröschen** in Salzwasser bissfest kochen.

■ Die **Tandooripaste** mit dem **Joghurt** verrühren und in kleine Dipschalen füllen.

Anrichten

■ Jeweils drei Samosas dekorativ auf einen Teller legen und das Gefäß mit dem Dip danebenstellen. Die Brokkoliröschen um die Samosas verteilen. Wer der puren Variante den Vorzug gibt, kann auf die Brokkoliröschen verzichten.

Tipp

*Samosas sind dreieckige Teigtaschen. Sie sind Bestandteil der pakistanischen und indischen Küche. Der Teig wird traditionell aus Mehl und Wasser hergestellt. Darin werden Reste von Currys, Kartoffeln oder Reis eingepackt.

2

3

5

6

Eigelbraviolo im Holzkohlesud mit Blattspinat

Eigelb
Blattspinat
Nudelteig
Gemüsebrühe
Sojasauce

Eigelbraviolo im Holzkohlesud mit Blattspinat

Zubereitungszeit: 30 Minuten + 2 Stunden 10 Minuten für den Nudelteig

Zutaten für 4 Portionen

8 Blätter Nudelteig (Rezept Seite 165)
2 Eiweiß (verquirlt)
4 Eigelb
600 ml Gemüsebrühe (Rezept Seite 158)
30 ml Sojasauce
1 TL Holzkohlearoma (alternativ Rauchöl)
4 Kartoffeln (mehligkochend; geschält)
60 g Sahne
60 ml Milch (3,8 %)
3 EL Butter
20 ml weißes Trüffelöl (zum Abschmecken)
2 Schalotten
400 g Blattspinat (geputzt und gewaschen)

Zubereitung

■ Den **Nudelteig*** herstellen, hauchdünn ausrollen und in 10 cm breite Teigbahnen schneiden. Aus den Teigplatten acht Scheiben (Ø 5 cm) ausstechen und mit dem verquirlten **Eiweiß** einpinseln. Je 1 **Eigelb** vorsichtig auf einer Scheibe platzieren und mit einer zweiten Teigscheibe belegen. Den Teig rundherum fest andrücken.

■ 500 ml **Gemüsebrühe** mit der **Sojasauce** aufkochen lassen. Danach mit dem **Holzkohlearoma**** abschmecken.

■ Die **Kartoffeln** weich kochen, ausdampfen lassen und durch die Kartoffelpresse drücken. Aus Kartoffeln, **Sahne, Milch** und 2 EL **Butter** ein weiches Kartoffelpüree zubereiten. Mit etwas **Trüffelöl** abschmecken.

■ **Schalotten** schälen und fein hacken. **Blattspinat** grob hacken. Die restliche **Butter** in einem Topf zerlassen und die Schalotten darin glasig anschwitzen. Den Spinat hinzufügen und weich dünsten. Etwa ein Viertel der Spinatmasse mit der restlichen **Gemüsebrühe** und dem restlichen **Trüffelöl** zu einem feinen, dünnen Püree mixen.

■ Reichlich Salzwasser zum Kochen bringen. Die Ravioli einlegen und 2–3 Minuten ziehen lassen. Mit einem Schaumlöffel herausnehmen und auf Küchenpapier abtropfen lassen.

Anrichten

■ Spinatpüree in einen tiefen Teller geben und mit einem Löffel am Tellerrand etwas hochziehen. Den Spinat und den Raviolo daraufsetzen. Den Sud getrennt reichen.

Tipp

* Für 8 Blätter Nudelteig benötigt man etwa 200 g Nudelteig.

** Falls man kein Holzkohlearoma bekommt, kann man glühende, jedoch nicht zu heiße Holzkohle nehmen und diese in Öl einlegen. Dabei sollte man mit großer Vorsicht vorgehen, damit das Öl nicht zu brennen beginnt. Die Kohle darf keinesfalls heißer als 200 Grad sein.

1

2

3

4

Tomatenpolenta mit Safransauce und mariniertem Fenchel

Tomaten
Polenta
Fenchel
Orangen
Safran

Tomatenpolenta mit Safransauce und mariniertem Fenchel

Zubereitungszeit: 1 Stunde 15 Minuten

Zutaten für 4 Portionen

Für die Tomatenpolenta

3 EL Olivenöl
1 Schalotte (geschält und fein gehackt)
2 EL Tomatenmark
5 Tomaten
700 ml Gemüsebrühe (Rezept Seite 158)
2 Kapseln Sternanis
etwas Salz
etwas schwarzer Pfeffer (aus der Mühle)
2 g Agar-Agar
100 g Polenta (grob gemahlen)
etwas Zucker

Für den Fenchel

2 Orangen
½ Fenchelknolle (mit 4 Zweigen Fenchelgrün; geputzt, gewaschen und fein gehobelt)
1 Spritzer Pastis
1 EL Olivenöl
etwas Salz

Für die Safransauce

200 ml Gemüsevelouté (Rezept Seite 162)
1 g Safranpulver

Zubereitung

■ Für die Tomatenpolenta 2 EL **Olivenöl** in einer hohen Pfanne erhitzen und die **Schalotten** darin glasig anschwitzen. Das **Tomatenmark** hinzufügen und kurz mit anschwitzen.

■ Die **Tomaten** waschen und den Stielansatz entfernen. 3 Tomaten in Stücke schneiden und mit der **Gemüsebrühe** in die Pfanne geben. Aufkochen lassen und mit dem Pürierstab mixen. **Sternanis** hinzufügen und 20 Minuten ziehen lassen. Dann das Ganze durch ein Sieb passieren und mit **Salz** und **Pfeffer** abschmecken.

■ 200 ml von dem Tomatenfond abmessen und mit dem **Agar-Agar*** 1 Minute aufkochen lassen. 0,5 cm dick in ein kleines, glattes Gefäß oder auf ein Blech gießen. Auskühlen lassen und anschließend in Würfel bzw. Streifen schneiden.

■ Restlichen Tomatenfond erhitzen. Die **Polenta** mit 1 EL **Olivenöl** darin 20 Minuten kochen. Die verdampfte Flüssigkeit wieder mit Wasser auffüllen.

■ In der Zwischenzeit die restlichen **Tomaten** 10 Sekunden in kochend heißem Wasser blanchieren. Kalt abschrecken, enthäuten und entkernen. Das Fruchtfleisch in kleine Würfel schneiden und mit etwas **Zucker** unter die Polenta heben.

■ Für den Fenchel die **Orangen** schälen und über einer Schüssel filetieren, um den Saft aufzufangen.**

■ Den **Fenchel** mit Orangensaft, **Pastis, Olivenöl** und etwas **Salz** marinieren.

■ Für die Safransauce die **Gemüsevelouté** herstellen. **Safranpulver** hinzufügen und aufkochen lassen. 10 Minuten ziehen lassen und mit dem Pürierstab mixen.

Tipp

*Stellt man Gelees mit Agar-Agar her, kann man sie wieder auf 60–70 Grad erhitzen, ohne dass sie schmelzen.

2

3

Anrichten

■ Einige Tomatengeleewürfel und -streifen in der Mitte der Teller anrichten. Tomatenpolenta in einen Spritzbeutel füllen und große Tupfer auf das Gelee spritzen. Orangenfilets sowie restliche Tomatenwürfel und -streifen anlegen. Fenchel auf die Polenta geben und diese mit 2–3 EL Safransauce (nochmals aufmixen) überziehen.

Tipp

** Orangen zu filetieren ist einfach: zuerst oben und unten die Kappen abschneiden. Mit einem Filetiermesser die Schale mit den weißen Schalenteilen vom Fruchtfleisch trennen. Anschließend die Filets vorsichtig herauslösen.

Kichererbsen
Avocado
rote Paprika
Zitrone
Ziegenquark

Falafel mit Ziegenquark, Paprika und Avocado

Ziegenkäse
Roggenbrot
rote Paprika
Himbeeren
Beerenauslese

Ziegenkäse-Espuma mit Röstbrot und Paprika-Himbeer-Granité

Ziegenkäse-Espuma mit Röstbrot und Paprika-Himbeer-Granité

Zubereitungszeit: 30 Minuten

Zutaten für 4 Portionen

100 g Sahne
2 Zweige Thymian
1 EL Honig
250 g Ziegenfrischkäse
100 g Schmand
1 EL Aceto balsamico bianco
3 EL Olivenöl
etwas Salz
etwas schwarzer Pfeffer (aus der Mühle)
80 g rote Paprikaschote
50 g Zucker
250 ml Weißwein (trocken)
50 ml Beerenauslese
1 Zweig Zitronenthymian
80 g Himbeeren (reife Früchte)
8 Scheiben Bauernbrot (sehr dünn geschnitten)

Außerdem

8 Himbeeren (ausgewählte schöne Früchte)
3 Spritzer Aceto balsamico di Modena
einige Rucolablätter
4 Rucola-Kartoffel-Chips (Rezept Seite 150)

Zubereitung

■ Die **Sahne** mit den **Thymianzweigen** und dem **Honig** aufkochen und 20 Minuten ziehen lassen. Durch ein feines Sieb passieren.

■ **Ziegenfrischkäse, Schmand, Aceto balsamico bianco,** 1 EL **Olivenöl** sowie **Salz** und **Pfeffer** mit dem Pürierstab glatt mixen, in eine iSi-Flasche füllen, mit einer Patrone befüllen und kalt stellen.*

■ Die **Paprikaschote** putzen, entkernen, waschen und das Fruchtfleisch in grobe Würfel schneiden. Paprikawürfel mit **Zucker, Weißwein, Beerenauslese** und dem **Zitronenthymianzweig** garen. Die **Himbeeren** zugeben und mit dem Pürierstab anmixen – nicht pürieren! Einige Stunden ziehen lassen und dann durch ein feines Sieb passieren.

■ Die Masse dünn auf ein Blech oder eine andere Unterlage gießen und einfrieren. Sobald die Masse gefroren ist, das Granité mit einem Metallspatel vom Boden kratzen.

■ Nun den Backofen auf 180 Grad Ober-/Unterhitze vorheizen. Die **Brotscheiben** mit dem restlichen **Olivenöl** beträufeln und im heißen Ofen 7 Minuten rösten.

■ **Himbeeren** mit **Aceto balsamico** marinieren.

Anrichten

■ Den Ziegenkäseschaum in der iSi-Flasche kräftig schütteln. Auf einen Brotchip kleine Kleckse spritzen und die marinierten Himbeeren in die Zwischenräume setzen. Einige **Rucolablätter** darauflegen und das Granité daraufgeben. Mit einem zweiten Brotchip belegen und mit etwas Granité sowie einem **Rucola-Kartoffel-Chip** dekorieren.

Tipp

*Für den Käseschaum kann auch ein Frischkäse aus Kuhmilch verwendet werden. Allerdings schätze ich Ziegenkäse wegen seiner Aromenvielfalt ganz besonders – unabhängig vom gesundheitlichen Aspekt. Ziegenkäse ist aufgrund seiner einfachen Fettsäuren leichter verdaulich und hat einen geringeren Cholesteringehalt als Kuhmilchkäse.

1

2

3

4

Tomaten
Tofu
Vinaigrette
Rucola
Blattsalat

Sojabohnentofu mit Rucola und Tomatenvinaigrette

Sojabohnentofu mit Rucola und Tomatenvinaigrette

Zubereitungszeit: 20 Minuten

Vegan

Zutaten für 4 Portionen

200 ml Gemüsebrühe
(Rezept Seite 158)
2 g Agar-Agar
1 Bund Rucola
(gewaschen und trocken geschleudert)
1 Tomate
(gewaschen)
200 ml Vinaigrette
(Rezept Seite 167)
600 g Sojabohnentofu
4 Radieschen
(geputzt und gewaschen)
8 Kirschtomaten
(gewaschen)
250 g Blattsalate der Saison
(gewaschen und trocken geschleudert)

Außerdem

20 Tomatenchips
(Rezept Seite 150)
1 Prise Chiliflocken

Zubereitung

- **Gemüsebrühe** in einen Topf geben und **Agar-Agar** hinzufügen. 1 Minute kochen.
- **Rucola** in die Masse mixen und auskühlen lassen. Anschließend mit dem Pürierstab glatt mixen.
- Die **Tomate** mit der Hälfte der **Vinaigrette** mit dem Pürierstab glatt mixen.
- **Tofu*** in vier lange Streifen und zwölf Würfel schneiden. Die Würfel in einer Grillpfanne grillen.
- Dann die Würfel in der restlichen **Vinaigrette** marinieren. **Radieschen, Kirschtomaten** und **Blattsalate** zufügen und ebenfalls marinieren.

Anrichten

- Die Tomatenvinaigrette in der Mitte der Teller verteilen. Die Tofustreifen aufrollen und hochkant wellenförmig anrichten. Das Rucola-Gel mit einem Spritzbeutel auf den Teller spritzen. Dazwischen die Tofuwürfel und das Gemüse platzieren. Mit je einem **Tomatenchip** garnieren. Restliche Tomatenchips zerbröseln und mit den **Chiliflocken** vermischen. Das Gericht damit bestreuen.

Tipp

*Tofu ist ein wunderbares Naturprodukt, das leider immer noch zu wenig Verwendung findet. Zugegeben, Tofu braucht intensive Gewürze – besonders Röstaromen machen aus ihm eine Delikatesse. Mein Favorit ist Räuchertofu, den man in guten Supermärkten und ausgewählten Bioläden fertig kaufen kann.

1

2

3

4

Suppenglück

Ob als Vorspeise oder als Hauptgericht – Suppen liegen im Trend. Und immer häufiger kommen sie in einer vegetarischen Variante auf den Tisch. Früher eine sättigende, eigenständige Mahlzeit, sind moderne Suppen heute leichter und bekömmlicher geworden, weil die Zutaten nicht mehr so lange gekocht werden. Gefragt sind frische Produkte und aromatische Kräuter. Beliebte klassische Rezepte werden mit exotischen Zutaten verfeinert oder bekommen durch zeitgemäße Kochtechniken eine andere, oft überraschende Geschmacksnote. Ein köstliches Beispiel dafür ist in diesem Buch die Kohlrabisuppe mit Kokosmilch, Thai-Curry und gefüllten Reisblattröllchen. Eine Suppe – cremig-sanft und ein klein wenig verführerisch-scharf. Eine kulinarische Wonne.

Auch optisch haben sich die Suppen gewandelt. Sie sehen raffinierter aus, gelingen aber mit etwas Geduld und Geschick auch Kochanfängern. Verwöhnen Sie Ihre Gäste mit einer Morchelroyale mit Spargel und Bärlauchschaum – ein echter Hingucker und geschmacklich eine Offenbarung. Oder servieren Sie eine weiße Tomatensuppe mit Knoblauchchips: Ihre Gäste werden erstaunt und begeistert sein.

Ob in edlen Terrinen, Designerporzellan oder schlichten Gläsern angerichtet, immer gilt: Heiße Suppen müssen wirklich heiß sein, kalte Suppen werden am besten mit Kühlschranktemperatur serviert. Nur dann entwickeln sie ihren vollen Geschmack.

Artischockensuppe mit Champignons und Basilikumschaum

Artischocken
Champignons
Basilikum
Sahne
Gemüsebrühe

Morchelroyale mit Spargel und Bärlauchschaum

Morcheln
Bärlauch
Sellerie
Gemüsebrühe
Eier

Morchelroyale mit Spargel und Bärlauchschaum

Zubereitungszeit: 45 Minuten + 2 Stunden 10 Minuten für den Nudelteig

Zutaten für 4 Portionen

Für die Morchelroyale

50 g getrocknete Morcheln
2 Schalotten
1 EL Butter
300 ml Gemüsebrühe (Rezept Seite 158)
100 g Sahne
2 Eier
2 Eigelb
etwas Salz

Für die Spargelsuppe

1 EL Butter
100 g weißer Spargel (geschält)
400 ml Gemüsebrühe (Rezept Seite 158)
80 g Sahne
etwas Salz

Für das Bärlauchpesto

500 g Bärlauch
300 ml Olivenöl (Extra Vergine)
80 g Pinienkerne (geröstet)
60 g labfreier Hartkäse (frisch gerieben)
etwas Salz
etwas schwarzer Pfeffer (aus der Mühle)

Zubereitung

■ Für die Royale die **Morcheln** in 100 ml Wasser einweichen. Das Einweichwasser auffangen und durch einen Papierfilter absieben.

■ **Schalotten** schälen und fein hacken. Die **Butter** in einer Pfanne zerlassen und die Schalotten darin glasig anschwitzen. Die Morcheln hinzufügen und 2 Minuten dünsten. **Gemüsebrühe,** Einweichwasser von den Morcheln und **Sahne** zufügen. Weitere 10 Minuten köcheln lassen. Mit dem Stabmixer pürieren und durch ein Sieb passieren.

■ **Eier** und **Eigelbe** zugeben, etwas **salzen** und das Ganze bei 100 Grad in Gläsern 20 Minuten dämpfen. Dazu die Gläser zu einem Drittel füllen.

■ Für die Spargelsuppe die **Butter** in einem Topf zerlassen und den **Spargel*** darin andünsten. Die **Gemüsebrühe** angießen und den Spargel weich garen. Die **Sahne** hinzufügen und mit dem Pürierstab glatt mixen. Mit **Salz** abschmecken. 8 EL der Suppe abfüllen und beiseitestellen, restliche Suppe auf die Morchelroyale geben.

■ Für das Bärlauchpesto den **Bärlauch** waschen und trocken schleudern. Erst nur mit dem **Olivenöl** und anschließend mit den **Pinienkernen** und dem **Käse** mit dem Pürierstab glatt mixen. Mit **Salz** und **Pfeffer** abschmecken.

Tipp

*Spargel und Bärlauch sind von der Saison her sehr begrenzt. Sehr lecker sind auch Varianten mit Pilzen, Sellerie und Blattpetersilie.

2

3

Für den Bärlauchschaum

8 EL Spargelsuppe
2 EL Bärlauchpesto
1 TL Lecithin
100 ml Gemüsebrühe (Rezept Seite 158)
etwas Salz
etwas schwarzer Pfeffer (aus der Mühle)

Außerdem

4 Bärlauchhippen

■ Für den Bärlauchschaum **Spargelsuppe** mit **Bärlauchpesto, Lecithin**** und **Gemüsebrühe** mixen, mit **Salz** und **Pfeffer** würzen und auf die Spargelsuppe in den Gläsern geben.

■ Zur Dekoration eignen sich **Bärlauchhippen.** Dazu dünn ausgerollten Nudelteig (Rezept Seite 165) in kleine Rechtecke schneiden und in heißem Fett ausbacken. Mit gehacktem Bärlauch bestreuen.

Anrichten

■ Das Glas auf einen Teller stellen und mit einer Bärlauchhippe dekorieren.

Tipp

** Lecithin bekommt man als Pulver in der Apotheke oder über das Internet. Es ist ein natürlicher Stoff, der als Bestandteil in Senf und Eigelb vorhanden ist. Möchte man Öl und Wasser miteinander verbinden, wirkt Lecithin als Emulgator. Deshalb verwendet man bei Vinaigrettes Senf und bei Mayonnaise Eigelb. Wenn man wenig Öl oder gar kein Fett in Fonds oder Suppen gibt, jedoch etwas Lecithin, entstehen beim Aufmixen festere Schäume.

Tomaten
Quark (Topfen)
Nudelteig
Knoblauch
Sternanis

Weiße Tomatensuppe mit Topfentortellini und Knoblauchchips

Linsen
Joghurt
Cumin
Gemüsebrühe
Mandeln

Orientalische Linsensuppe mit Joghurt und Cumin

Orientalische Linsensuppe mit Joghurt und Cumin

Zubereitungszeit: 30 Minuten

Zutaten für 4 Portionen

2 Schalotten
30 ml Olivenöl (Extra Vergine)
200 g rote Linsen
2 TL Ras el-Hanout
1 l Gemüsebrühe (Rezept Seite 158)
125 g Crème fraîche
etwas Salz
etwas schwarzer Pfeffer (aus der Mühle)
1 EL Honig
Saft von **1** Zitrone
2 Spritzer Sherry-Essig
1 EL Datteln (in kleine Würfel geschnitten)
2 EL Mandeln (geröstet und gehackt)

Außerdem
1 EL Olivenöl
4 Scheiben Vollkornbaguette
einige Zweige Thymian
500 ml Pflanzenöl
einige Korianderblätter (gewaschen und trocken getupft)
150 g griechischer Joghurt (10 %)
4 Prisen Cumin (gemahlen)

Zubereitung

- Die **Schalotten** schälen und fein hacken. Das **Olivenöl** in einem Topf erhitzen und die Schalotten darin glasig anschwitzen. Die **Linsen*** und **Ras el-Hanout** zugeben.
- Die **Gemüsebrühe** hinzufügen und zugedeckt bei leichter Hitze 15 Minuten köcheln lassen.
- Anschließend die **Crème fraîche** unterheben. Mit **Salz, Pfeffer, Honig, Zitronensaft** und **Sherry-essig** abschmecken.
- Die **Datteln** und die **Mandeln** hinzufügen.
- Das **Olivenöl** in einer Pfanne erhitzen und die **Brotscheiben** zusammen mit dem **Thymian** darin von beiden Seiten rösten.
- Das **Pflanzenöl** in einem Topf auf 175 Grad erhitzen und die **Korianderblätter** darin frittieren. Anschließend herausnehmen und auf Küchenpapier abtropfen lassen.

Anrichten

- Die Suppe in vorgewärmte tiefe Teller füllen. Je 1 EL **Joghurt** auf jede Brotscheibe geben und mit **Cumin**** bestäuben. Als Dekoration seitlich auf den Tellern anlegen und mit den Korianderblättern – im Ganzen und zerbröselt – garnieren.

Tipp

*Für dieses Rezept eignet sich auch jede andere Linsensorte, die eine kurze Kochzeit hat, z. B. gelbe oder grüne Linsen.

**Cumin sollte man nicht gemahlen kaufen. Nur ganze Samen, die selbst gemahlen werden, haben Aroma.

1

2

Kohlrabisuppe mit rotem Curry

Kohlrabi
roter Thai-Curry
Reisblätter
Kokosmilch
Teriyakisauce

Kohlrabisuppe mit rotem Curry

Zubereitungszeit: 40 Minuten

Zutaten für 4 Portionen

2 Schalotten
1 Knoblauchzehe
400 g Kohlrabi
4 EL Sesamöl (geröstet)
3 TL roter Thai-Curry
1 Kartoffel (mehligkochend, mittelgroß)
½ rote Paprikaschote
etwas Salz
etwas schwarzer Pfeffer (aus der Mühle)
etwas Zucker
300 ml Kokosmilch
600 ml Gemüsebrühe (Rezept Seite 158)
8 Zuckerschoten
4 Radieschen
50 ml Teriyakisauce
5 g Wasabipaste
2 Reisblätter

Zubereitung

■ Die **Schalotten** und die **Knoblauchzehe** schälen und fein hacken. Die **Kohlrabiknollen** schälen und waschen. Die kleinen Kohlrabiblätter waschen und in Streifen schneiden. Die Streifen in eine Schüssel mit kaltem Wasser legen.

■ Von den Kohlrabiknollen zwei 1,5 cm dicke Scheiben abschneiden und daraus mit einem runden Ausstecher acht Kreise (Ø 1 cm) ausstechen.

■ 2 EL **Sesamöl** in einer Pfanne erhitzen und die Kohlrabikreise darin bei geringer Temperatur weich dünsten. Mit **Thai-Curry*** würzen. Den restlichen **Kohlrabi** in kleine Stücke schneiden.

■ Die **Kartoffel** und die **Paprika** mit einem Sparschäler schälen. Die Paprika entkernen. Kartoffel und Paprika in Würfel schneiden.

■ Das restliche **Sesamöl** in einem Topf erhitzen. Schalotten und Knoblauch darin glasig anschwitzen. Kohlrabi-, Paprika- und Kartoffelstücke zufügen und unter Rühren etwa 5 Minuten bei mittlerer Hitze dünsten. Mit etwas **Thai-Curry** bestäuben und mit **Salz, Pfeffer** und **Zucker** würzen. Mit **Kokosmilch** und **Gemüsebrühe** ablöschen und aufkochen lassen. Dann die Temperatur reduzieren und die Suppe 25 Minuten köcheln lassen.

■ In der Zwischenzeit die **Zuckerschoten** und die **Radieschen** putzen, waschen und in feine Streifen schneiden. Wasser in einem Topf zum Kochen bringen und die Zuckerschoten darin 2 Minuten blanchieren. Anschließend kalt abschrecken. Mit 1 EL **Teriyakisauce** und **Wasabipaste** marinieren.

Tipp

* Die Suppe kann auch mit normalem gelbem Curry zubereitet werden. Dann sollte man wegen der Optik aber gelbe Paprika verwenden.

2

3

■ Die **Reisblätter**** mit einer Schere halbieren. Die restliche **Teriyakisauce** erhitzen und die Reisblätter durch die Sauce ziehen. Die Radieschen und Zuckerschoten auf den Reisblättern verteilen und diese zu Röllchen formen.

■ Die Kohlrabisuppe mit dem Stabmixer fein pürieren und mit **Salz** und **Pfeffer** abschmecken.

Anrichten

■ Die Suppe in vorgewärmte tiefe Teller füllen. Die gedünsteten Kohlrabischeiben sowie die Reisblattröllchen einlegen und mit den Kohlrabiblattstreifen dekorieren.

Tipp

** Bekommt man keine Reisblätter, kann man auch Ravioli aus Nudelteig (Rezept Seite 165) herstellen und diese mit dem Gemüse füllen. Die Ravioli anschließend in reichlich Salzwasser garen.

Klassiker neu interpretiert

Jeder Mensch hat Lieblingsessen, die oft mit schönen Kindheitserinnerungen verbunden sind. Das Problem: Die Küche unserer Eltern und Großeltern war oft sehr fleischlastig. Die vegetarische Variation der Leibspeise erfordert kreative Überlegung – einfach nur das Fleisch wegzulassen funktioniert meistens nicht. Und im Unterschied zur Zubereitung von Bratwurst und Pommes muss man für die vegetarische Küche zumindest ein kulinarisches Grundwissen besitzen. Deshalb finden Sie in diesem Buch auch Anleitungen für Basics wie Gemüsebrühe, Béchamelsauce, Vinaigrette, Veggie-Mayonnaise und Pesto – um nur einige zu nennen.

In meinen Rezepten habe ich bewusst auf Kreationen verzichtet, die Fleischgenuss simulieren. Ich sehe keinen Sinn darin, zum Beispiel Seitan so aussehen zu lassen, als sei es ein Würstchen oder eine Frikadelle. Der Formen-

und Farbenreichtum (vom Geschmack ganz abgesehen), den Gemüse und Früchte zu bieten haben, braucht meiner Meinung nach keine pflanzlichen Kopien von Fleischprodukten.

Bei der Auberginen-Moussaka werden auch passionierte Fleischesser Hackfleisch nicht vermissen. Und ein Käse, der mit pflanzlichem Lab-Ersatz hergestellt wurde, steht geschmacklich dem Käse mit tierischem Lab in keiner Hinsicht nach. Der herzhafte Kartoffelschmarrn bekommt durch Brennnesselspinat und würzigen Schafskäse eine bodenständig-würzige Note, bei dem niemandem die Speckwürfel fehlen werden. Eines meiner Lieblingsgerichte ist die Pastinakenpiccata mit provenzalischem Gemüse und Gnocchi. Sie ist ein Beweis dafür, dass unter einer verlockenden goldbraunen Panierung kein Fleisch stecken muss.

Gemüsetempura mit dreierlei Dips

Karotten
grüner Spargel
Kohlrabi
Avocado
Quark

1
2
3

Gemüsetempura mit dreierlei Dips

Zubereitungszeit: 40 Minuten

Zutaten für 4 Portionen

Für den Tempurateig

70 g Mehl
70 g Maisstärke
2 Prisen Salz

Für das Gemüse

2 Karotten
4 Stangen grüner Spargel
1 Kohlrabi
etwas Salz
etwas Mehl
1 l Pflanzenöl

Zubereitung

- Für den Tempurateig das **Mehl** und die **Stärke** in 200 ml eiskaltes Wasser rühren. Mit **Salz** würzen.
- Das **Gemüse** schälen, in dicke Streifen schneiden und in leicht **gesalzenem** Wasser 1 Minute bissfest kochen. Anschließend unter fließendem kaltem Wasser abschrecken und trocken tupfen. In **Mehl** wälzen und durch den Tempurateig ziehen.
- In einem Topf das **Pflanzenöl** auf 175 Grad erhitzen und die Gemüsestreifen darin frittieren.* Dann herausnehmen und auf Küchenpapier gut abtropfen lassen.

Anrichten

- Das Gemüse in ein Glas stellen, die Dips in kleine Schälchen füllen und servieren.

Tipp

* Anstatt das Gemüse zu frittieren, kann man es auch in zwei Finger hohem Fett in einer Pfanne braten. Der Vorteil: Man benötigt sehr viel weniger Fett.

Das Rezept lässt sich perfekt als Rohkost variieren. Zusätzlich kann man auch Paprikaschoten jeglicher Couleur und Salatgurke reichen.

1

2

3

1 Avocadodip

Zutaten für 4 Portionen

1 Avocado
1 Msp. Knoblauch (fein gehackt)
Saft von ½ Zitrone
1 Prise Salz
1 EL Sweet-Chili-Sauce

Zubereitung

Für den Avocadodip die **Avocado** schälen und entkernen. Das Fruchtfleisch mit einer Gabel sorgfältig zerdrücken. Mit **Knoblauch, Zitronensaft, Salz** und **Sweet-Chili-Sauce** würzen.

2 Mango-Curry-Creme

Zutaten für 4 Portionen

½ reife Mango
125 g Crème fraîche
etwas Aceto balsamico bianco
125 g Mayonnaise
½ TL Thai-Curry
½ TL eingelegter japanischer Ingwer (fein gehackt)
1 EL Ingwersaft (vom eingelegten Ingwer)
etwas Salz

Zubereitung

Für die Mango-Curry-Creme die **Mango** schälen und das Fruchtfleisch vom Kern lösen. Eine Hälfte in kleine Würfel schneiden und den Rest fein pürieren. Mit **Crème fraîche,** 3 Spritzern **Aceto balsamico bianco, Mayonnaise, Thai-Curry, Ingwer, Ingwersaft** sowie etwas **Salz** glatt rühren.

3 Kräuterdip

Zutaten für 4 Portionen

4 EL Quark (40 %)
4 EL griechischer Naturjoghurt
1 EL Aceto balsamico bianco
etwas Salz
2 Knoblauchzehen (geschält und fein gehackt)
½ Bund Schnittlauch (in feine Röllchen geschnitten)
½ Bund Koriander (mit den Stielen fein gehackt)
⅓ Salatgurke

Zubereitung

Für den Kräuterdip **Quark, Joghurt, Aceto balsamico bianco, Salz, Knoblauch** und **Kräuter** verrühren. Die **Salatgurke** waschen und mit der Schale fein reiben. Dazugeben und nochmals mit **Aceto balsamico bianco** und **Salz** abschmecken.

Auberginen
Paprika
Eier
Ofentomaten
Nudelteig

Auberginen-Moussaka mit Zucchini und Kirschtomaten

3

4

5

6

Auberginen-Moussaka mit Zucchini und Kirschtomaten

Fortsetzung

100 g rote Linsen
300 ml Gemüsebrühe (Rezept Seite 158)
200 g Nudelteig (Rezept Seite 165)
4 EL Schafskäse (in kleine Würfel geschnitten)
4 EL labfreier Hartkäse (frisch gerieben)
8 Kirschtomaten
etwas schwarzer Pfeffer (aus der Mühle)
2 EL Tomatenmark

Außerdem

einige Rucolablätter (zum Garnieren)

■ Die **Linsen** in der **Gemüsebrühe** 12 Minuten garen. Den überschüssigen Gemüsefond abgießen und beiseitestellen.

■ Auberginen- und Zucchinischeiben durch die Paprikamasse ziehen und diese abwechselnd mit dem **Nudelteig,** den Linsen und dem **Schafskäse** in eine Auflaufform schichten. Mit weiterer Paprikamasse auffüllen (für die Zucchini etwas Paprikamasse beiseitestellen), mit dem **Käse** bestreuen und im heißen Ofen 45 Minuten backen.

■ In der Zwischenzeit aus der zweiten **Zucchini** der Länge nach vier feine Scheiben schneiden, den Rest in Rauten.

■ Restliches **Pflanzenöl** in einer Pfanne erhitzen und die Zucchinischeiben und -rauten mit den **Kirschtomaten** anbraten. Mit **Salz** und **Pfeffer** würzen. Die Zucchinischeiben aufrollen und mit einem Teil der restlichen Paprikamasse füllen.

■ Die restliche Paprikamasse mit dem beiseitegestellten Gemüsefond und dem **Tomatenmark** mit dem Pürierstab aufmixen und als Schaum zur Moussaka reichen.

Anrichten

■ Die Moussaka in Quadrate schneiden und je ein Stück auf die Teller geben. Kirschtomaten sowie Zucchinistreifen und -rauten daneben anordnen. Zum Schluss die Moussaka mit dem aufgemixten Paprika-Linsen-Fond überziehen. Mit den **Rucolablättern** garnieren.

Tipp

Dieses Rezept lässt sich vielfach abwandeln, z. B. indem man statt der Auberginen Zucchini zum Star des Gerichts macht. Auch zur Resteverwertung eignet es sich, beispielsweise für einen gemischten Gemüseauflauf. Dazu muss das Gemüse aber immer vorgegart sein.

Kartoffelschmarrn mit Brennnesselspinat und Schafskäse

Kartoffeln
Eier
Brennnesseln
Schafskäse
rote Paprika

Kartoffelschmarrn mit Brennnesselspinat und Schafskäse

Zubereitungszeit: 20 Minuten

Zutaten für 4 Portionen

Für den Kartoffelschmarrn

500 g Kartoffeln (mehligkochend)
4 Eier
etwas Salz
80 g Crème fraîche
100 g Sahne
15 g Maisstärke
4 EL Kartoffelwürfel (gekocht)

Für die Paprika

3 rote Paprikaschoten (halbiert, entkernt und gewaschen)
etwas Pflanzenöl
etwas Olivenöl
etwas Salz
etwas schwarzer Pfeffer (aus der Mühle)

Zubereitung

■ Für den Schmarrn die **Kartoffeln** waschen und mit der Schale weich kochen. Dann pellen. Den Backofen auf 170 Grad Ober-/Unterhitze vorheizen.

■ Die **Eier** trennen und das Eiweiß mit einer Prise **Salz** steif schlagen.

■ **Crème fraîche** mit der **Sahne** aufkochen lassen. Kartoffeln durch die Kartoffelpresse drücken und mit der **Maisstärke** und der Crème-fraîche-Sahne-Mischung zu den Eigelben geben. Eischnee und **Kartoffelwürfel** unter die Kartoffelmasse* heben.

■ 2 **Paprikaschoten** mit etwas **Pflanzenöl** beträufeln und 25 Minuten in den heißen Ofen geben. Anschließend herausnehmen, etwas abkühlen lassen und häuten. Dann das Fruchtfleisch pürieren. Die Temperatur des Backofens nun auf 210 Grad Ober-/Unterhitze erhöhen.

■ Die restliche **Paprika** schälen und in Dreiecke schneiden. **Olivenöl** in einer Pfanne erhitzen und die Paprika darin anbraten. Mit **Salz** und **Pfeffer** würzen.

Tipp

*Aus dem Schmarrnteig kann man auch ein deftiges Omelett zubereiten. Gut schmeckt auch ein Auflauf. Hierfür einfach die Kartoffel-Gemüse-Masse in einer Auflaufform backen.

1

2

3

Für den Brennnesselspinat

1 EL Butter

1 Schalotte
(geschält und fein gehackt)

100 g junge Brennnesselblätter
(gewaschen und trocken getupft)

etwas Salz

etwas schwarzer Pfeffer
(aus der Mühle)

Außerdem

6 EL Pflanzenöl

140 g Schafskäse

■ Für den Brennnesselspinat die **Butter** in einer Pfanne zerlassen und die **Schalotten** darin glasig anschwitzen. **Brennnesselblätter** hinzufügen und zusammenfallen lassen. Mit **Salz** und **Pfeffer** würzen.

■ Das **Pflanzenöl** in einer ofenfesten Pfanne erhitzen und die Kartoffelschmarrnmasse hineingeben. Die Pfanne in den heißen Ofen** schieben. Nach 5 Minuten 80 g **Schafskäse** zerbröseln und auf den Schmarrn geben. Weitere 6–7 Minuten backen. Dann die Pfanne aus dem Ofen nehmen und den Kartoffelschmarrn in gleich große Stücke zerteilen. Restlichen **Schafskäse** teilweise in Würfel schneiden und zerbröseln.

Anrichten

■ Kartoffelschmarrn auf den Tellern verteilen und mit Schafskäsebröseln und -würfeln dekorieren. Mit Paprikastücken und Brennnesselspinat umlegen und mit Paprikapüreetupfen garnieren.

Tipp

**Wer geschickt ist, kann das Rezept auch ohne Backofen zubereiten. Dazu die Masse nicht zu dick in eine heiße Pfanne geben. 2–3 Minuten bei milder Hitze stocken lassen, dann wenden und weitere 2 Minuten backen.

5

6

Pastinakenpiccata mit provenzalischem Gemüse und Gnocchi

Pastinaken
Gnocchi
Kirschtomaten
Zucchini
rote Paprika

Offener gratinierter Raviolo mit Blattspinat und Champignons

Nudelteig
labfreier Hartkäse
Champignons
Blattspinat
Mascarpone

Offener gratinierter Raviolo mit Blattspinat und Champignons

Zubereitungszeit: 40 Minuten + 2 Stunden 10 Minuten für den Nudelteig

Zutaten für 4 Portionen

100 g Nudelteig
(Rezept Seite 165)
etwas Salz
1 Schalotte
1 Knoblauchzehe
2 EL Butter
500 g Blattspinat
(geputzt und gewaschen)
2 EL Mascarpone
100 g labfreier Hartkäse
(frisch gerieben)
½ Romanesco
200 g Champignons
1 EL Pflanzenöl
4 EL Sahne
1 Eigelb
100 g Tomatenpolenta
(Rezept Seite 170)

Außerdem
etwas Kresse
(zum Garnieren)

Zubereitung

- Den **Nudelteig** herstellen. Den Backofen auf 180 Grad Ober-/Unterhitze vorheizen.
- Aus dem Nudelteig vier 5 x 25 cm große Teigblätter dünn ausrollen. Reichlich Salzwasser zum Kochen bringen und die Teigblätter darin 1 Minute blanchieren.
- Die **Schalotte** und die **Knoblauchzehe** schälen und fein hacken. Die **Butter** in einem Topf zerlassen, Schalotten und Knoblauch darin glasig anschwitzen. Den **Spinat** zugeben und zusammenfallen lassen. Den **Mascarpone** hinzufügen und das Ganze kurz aufkochen lassen. Den Topf vom Herd nehmen und die Hälfte vom **Käse** zugeben.
- Den **Romanesco** in kleine Röschen zerteilen und anschließend waschen. In kochendem Salzwasser 8 Minuten blanchieren.
- Die **Champignons** waschen, trocken tupfen und in Scheiben schneiden. Das **Pflanzenöl** erhitzen und die Champignons darin anbraten. Champignons und Romanescoröschen zum Spinat geben.
- Die Nudelblätter zu einem Ring legen und mit dem Gemüse* füllen.
- Die **Sahne** steif schlagen und mit dem restlichen **Käse** und dem **Eigelb** verrühren. Auf dem Raviolo verteilen und im heißen Ofen überbacken.

Anrichten

- Den Raviolo auf einem flachen Teller anrichten, etwas **Tomatenpolenta** in Tupfen aufspritzen und mit einigen **Kresseblättern** dekorieren.

Tipp

*Dieser Raviolo lässt sich auch mit anderen Gemüsesorten herstellen. Besonders fein schmeckt er mit einer Ratatouillefüllung. Die Fotos 1–4 zeigen die Komponenten der Gratiniermasse für dieses Gericht, das sich auch hervorragend für andere Zutaten einsetzen lässt.

1

2

3

4

Gebackener Blumenkohl mit Romanesco, Safran und Kartoffelaioli

Blumenkohl
Romanesco
Safran
Kartoffeln
Knoblauch

Gebackener Blumenkohl mit Romanesco, Safran und Kartoffelaioli

Zubereitungszeit: 30 Minuten

Vegan

Zutaten für 4 Portionen

1 großer Blumenkohl (1.200 g)
½ Romanesco
etwas Salz
200 ml Tomatensaft
1 rote Paprikaschote (gewaschen und entkernt)
2 g Agar-Agar
1 EL Himbeeressig
100 g Mehl
70 g Maisstärke
3 Prisen Safranpulver
2 Prisen Salz
100 ml Pflanzenöl
6 EL Kartoffelaioli (Rezept Seite 164)
etwas Kresse (zum Garnieren)

Zubereitung

■ Den **Blumenkohl** und den **Romanesco** in kleine Röschen zerteilen und anschließend waschen. In kochendem Salzwasser 8 Minuten blanchieren.

■ Nun den **Tomatensaft** mit der **Paprikaschote** 10 Minuten köcheln lassen. **Agar-Agar** hinzufügen und 1 weitere Minute köcheln lassen. Mit **Himbeeressig** abschmecken. Kalt stellen, bis die Flüssigkeit geliert. Dann das Ganze mit dem Stabmixer pürieren und durch ein feines Sieb passieren. Den Fond kalt stellen.

■ Aus 200 ml Wasser, 70 g **Mehl, Maisstärke, Safran*** und **Salz** einen glatten Teig herstellen. Die Blumenkohl- und Romanescoröschen im restlichen **Mehl** wenden und einzeln durch den Teig ziehen. Das **Pflanzenöl** in einer hohen Pfanne erhitzen und das Gemüse darin goldgelb ausbacken.

Anrichten

■ **Kartoffelaioli** und Paprika-Tomaten-Püree als Tupfer auf die Teller spritzen. Die gebackenen Blumenkohl- und Romanescoröschen dazwischen verteilen und mit **Kresseblättchen** garnieren.

Tipp

*Statt Safran kann auch gemahlener Kurkuma verwendet werden, da es hier mehr darum geht, dem Gericht Farbe zu verleihen.

1

2

3

Genussküche

„Das Essen soll zuerst das Auge erfreuen und dann den Magen", wusste schon der große deutsche Dichter Johann Wolfgang von Goethe. Ein Jahrhundert später gingen Wissenschaftler erstmals daran, die Physiologie des Geschmacks zu erforschen. Heute wissen wir: Essen und Geschmack sind ein Gesamtkunstwerk. Was wir als Geschmack wahrnehmen, ist das komplexe Zusammenspiel aller Sinne – eine Art Film, der sich in unserem Hirn aufgrund verschiedener Sinnesreize abspielt. Schon ein Blick auf einen liebevoll angerichteten Teller genügt, um auch ohne Hunger Appetit zu bekommen.

Auch wenn zunächst die Zunge gefordert ist, für das lukullische Feintuning ist der Geruchssinn gefragt. Denn Geschmack geht zu 90 Prozent durch die Nase. Millionen Riechsinneszellen leiten den Essensduft in bestimmte Hirnregionen, die für das Erkennen und Bewerten der Gerüche zuständig sind. Hier sind unzählige Erinnerungen an Speisen gespeichert, die uns manchmal schon beim Anblick einer Leckerei das Wasser im Mund zusammenlaufen lassen, bestimmte Emotionen auslösen und uns vor lauter Vorfreude auf kommende Köstlichkeiten euphorisch stimmen, bevor wir sie überhaupt geschmeckt haben.

Geschmack war ursprünglich keine Frage des Genusses, sondern des Überlebens. Er diente zunächst einmal dazu, Nahrungsmittel auf ihre Bekömmlichkeit zu überprüfen. Süß und salzig signalisierten nährstoffreiches und nahrhaftes, bitter und sauer warnten vor verdorbenem oder giftigem Essen. Wer in der Steinzeit durch seinen Geschmackssinn vor dem Verzehr giftiger Substanzen gewarnt wurde, hatte gegenüber weniger geschmacksempfindlichen Menschen einen deutlichen Selektionsvorteil.

Heute können wir unser Essen einfach nur genießen, wobei ich mir sicher bin, dass beispielsweise der Tortillacrumble mit Avocado und Tomaten-Zitronengras-Gelee oder die Kartoffellasagne mit Périgordtrüffel und Blattspinat auch manchen unserer Vorfahren restlos begeistert hätte.

Karotten-Ingwer-Cannelloni mit Chiligemüse und Pak Choi

Karotten
Ingwer
Chili
Pak Choi
Nudelteig

Karotten-Ingwer-Cannelloni mit Chiligemüse und Pak Choi

Zubereitungszeit: 1 Stunde 15 Minuten + 2 Stunden 10 Minuten für den Nudelteig

Zutaten für 4 Portionen

Für die Füllung

400 g Karotten
2 EL Sesamöl (geröstet)
150 ml Apfelsaft
etwas Salz
1 TL Ingwer (fein gehackt)
15 g Metil

Für den Nudelteig

200 g Mehl
2 Eier
1 EL Olivenöl
1 Prise Salz

Zubereitung

■ Die **Karotten** schälen und anschließend in feine Scheiben schneiden.

■ Das **Sesamöl** in einem Topf erhitzen und die Karotten darin anschwitzen. Mit **Apfelsaft** ablöschen und leicht **salzen.** Den **Ingwer** hinzufügen und die Karotten weich dünsten. Verdampfte Flüssigkeit dabei mit Wasser nachfüllen. Dann herausnehmen und mit dem Stabmixer fein pürieren. 1 EL Karottenpüree abnehmen und beiseitestellen, den Rest mit **Metil*** verrühren und auf 4 Grad herunterkühlen.

■ Nun aus **Mehl, Eiern, Olivenöl** und **Salz** einen glatten, elastischen Nudelteig herstellen. Ein Viertel des Teigs mit dem beiseitegestellten Karottenpüree einfärben. Beide Teige übereinanderschichten, fest aufeinanderdrücken, in Klarsichtfolie wickeln und 2 Stunden kalt stellen.

Tipp

*Metil (Methylcellulose) wird aus pflanzlicher Zellulose gewonnen. Es bindet erst beim Erhitzen und nicht wie andere Geliermittel beim Kaltwerden. Metil muss kalt in die zu bindende Masse oder Flüssigkeit gemixt und auf 4 Grad heruntergekühlt werden, damit sich das Wasser an die Zellulose anlagern kann. Beim Erhitzen über 55 Grad bindet es die Flüssigkeit. Beim Abkühlen unter 55 Grad verliert es wieder von seiner Bindekraft.

1

2

3

Für das Chiligemüse

1 Karotte
1 rote Paprikaschote
100 g Zuckerschoten
(gewaschen und geputzt)
2 EL Sesamöl
(geröstet)
1 Knoblauchzehe
(geschält und fein gehackt)
½ TL Ingwer
(fein gehackt)
etwas Thai-Curry
4 Kirschtomaten
(gewaschen)
2 EL Sweet-Chili-Sauce
4 Mini-Pak-Choi
etwas Kresse
(zum Garnieren)

■ Mit einem scharfen Messer vom Teig dünne Scheiben abschneiden und zu 10 cm großen Teigbahnen rollen. Reichlich Salzwasser zum Kochen bringen und die Teigbahnen darin nacheinander jeweils 1–2 Minuten garen. Herausnehmen und in kaltem Wasser abschrecken. Dann in Rechtecke von 10 x 12 cm schneiden. Die Karottenfüllung daraufspritzen und wie Cannelloni fest zusammenrollen.

■ Für das Chiligemüse die **Karotte** und die **Paprikaschote** mit einem Sparschäler schälen, die Paprikaschote entkernen und waschen. Karotte, Paprika und **Zuckerschoten** in feine Streifen schneiden.

■ 1 EL **Sesamöl** in einer hohen Pfanne erhitzen und das Gemüse darin unter Rühren anschwitzen. Mit **Knoblauch, Ingwer** und **Thai-Curry** würzen. Die **Kirschtomaten** hinzufügen und 1 EL **Sweet-Chili-Sauce** zugeben.

■ **Pak Choi** waschen und halbieren. Das restliche **Sesamöl** in einer zweiten Pfanne stark erhitzen und Pak Choi darin rundum anbraten. Die restliche **Sweet-Chili-Sauce** dazugeben.

Anrichten

■ Je zwei Pak-Choi-Hälften auf die Teller legen und das Chiligemüse daneben anrichten. Die Cannelloni obenauf platzieren. Mit etwas **Kresse** garnieren und mit Pestoschaum überziehen. Dazu 200 ml Gemüsevelouté (Rezept Seite 162) mit 1 EL Pesto (Rezept Seite 166) vermengen.

5

6

Tortillachips
Avocado
Tomate
Zitronengras
Pesto

Tortillacrumble mit Avocado und Tomaten-Zitronengras-Gelee

Tortillacrumble mit Avocado und Tomaten-Zitronengras-Gelee

Zubereitungszeit: 40 Minuten

Zutaten für 4 Portionen

Für das Gelee

300 g Tomaten
½ Chilischote
5 EL Olivenöl (Extra Vergine)
2 Halme Zitronengras
etwas Salz
etwas Zucker
2 g Agar-Agar

Für den Crumble

80 g Tortillachips
1 EL Crème fraîche
1 EL weiche Butter
1 Prise Cumin
2 Prisen Thai-Curry

Für die Avocado

4 Avocados
½ **Bund** Koriander
(gewaschen, trocken geschüttelt und mit den Stielen fein gehackt)
Schale und Saft von **1** Biolimette
4 EL Sweet-Chili-Sauce
2 Prisen Cayennepfeffer

Zubereitung

■ Die **Tomaten** waschen und abtropfen lassen. Den Stielansatz entfernen. Die **Chilischote** entkernen, waschen und in kleine Würfel schneiden.

■ 1 EL **Olivenöl** in einer Pfanne erhitzen. Tomaten und Chili darin anschwitzen. 2 EL Wasser, **Zitronengrashalme, Salz** und **Zucker** dazugeben und zugedeckt bei kleiner Hitze 8–10 Minuten weich dünsten.

■ Die Tomaten aus der Pfanne nehmen und das Zitronengras entfernen. Das Ganze mit dem Stabmixer pürieren und anschließend durch ein feines Sieb passieren. Mit etwas **Salz** und **Zucker** abschmecken. **Agar-Agar** mit einem Schneebesen unterrühren, aufkochen lassen und bei leichter Hitze unter Rühren 2 Minuten köcheln lassen.

■ Eine flache Form (ca. 12 x 15 cm) mit Klarsichtfolie auslegen. Den Tomaten-Zitronengras-Fond darin verteilen und mindestens 1 Stunde kalt stellen.

■ Für den Crumble **Tortillachips** in einen Gefrierbeutel geben und mit einer Kuchenrolle fein zerbröseln. **Crème fraîche, Butter** und **Cumin** sowie **Thai-Curry** verrühren. Die Tortillachipsbrösel untermischen. Mithilfe von kleineren eckigen Garnierringen auf Tellern zu Plätzchen formen.

■ Die **Avocados** schälen, entkernen* und einen Teil des Fruchtfleisches in feine Scheiben schneiden. Die Avocadoscheiben mit demselben Garnierring ausstechen und auf die Tortillaplätzchen legen.

■ Nun das Tomaten-Zitronengras-Gelee mit dem Garnierring ausstechen und auf die Avocadoscheiben legen. Diesen Vorgang wiederholen und alles zu kleinen Törtchen auftürmen. Den Abschluss bildet eine Avocadoscheibe. Kalt stellen.

Tipp

*Stellt man die Avocadocreme bereits im Voraus her, sollte man den Kern in die Creme legen, wenn man sie aufbewahren möchte. Dadurch wird die Creme nicht so schnell grau.

2

3

Außerdem

2 EL Pesto
(Rezept Seite 166)

1 Schale Kresse
(zum Garnieren)

- Den Rest des Tomaten-Zitronengras-Gelees in Würfel schneiden und beiseitestellen.
- Den **Koriander** mit restlichem **Olivenöl** pürieren. Restliches **Avocadofleisch** mit ½ TL **Limettenabrieb** und 1–2 EL **Limettensaft** pürieren. **Sweet-Chili-Sauce** unterrühren. Mit **Cayennepfeffer** würzen.

Anrichten

- Jeweils drei Türmchen auf den Tellern platzieren und die Avocadocreme als kleine Tupfer danebensetzen. Etwas **Pesto** mit etwas Wasser glatt rühren und zu den Türmchen geben. Mit den Geleewürfeln und **Kresseblättern** dekorieren.

Tipp

Um dem Tortillacrumble einen besonderen Kick zu verleihen, gibt man noch 1 TL fein gehackte Chilischote und 1 EL im Mörser zerstoßene Kaffeebohnen dazu (siehe Fotos 1–3).

weißer Spargel
grüner Spargel
Wasabi
Koriander
Sesamöl

Spicy Spargelsalat mit Wasabicrackern

Spicy Spargelsalat mit Wasabicrackern

Zubereitungszeit: 30 Minuten + 20 Stunden Trocknungszeit für die Cracker

Zutaten für 4 Portionen

Für die Wasabicracker

100 ml Gemüsebrühe
10 g Maisstärke
30 g Eigelb
25 g Wasabipaste
etwas Salz
75 g Eiweiß

Für den Spargelsalat

500 g weißer Spargel
500 g grüner Spargel
2 EL Olivenöl
3 TL Sesamöl (geröstet)
2 große Karotten (geschält und in schmale Streifen geschnitten)
2 Knoblauchzehen (geschält und fein gehackt)
1 TL Ingwer (frisch gerieben)
4 Zweige Koriander
2 EL Sojasauce
1 TL Sambal Oelek
etwas Salz
etwas schwarzer Pfeffer (aus der Mühle)

Außerdem

einige Friséesalatblätter
einige kleine Korianderblätter
etwas Kresse (zum Garnieren)

Zubereitung

■ Für die Cracker den Backofen auf 60 Grad Ober-/Unterhitze vorheizen. 30 ml von der **Gemüsebrühe** mit **Stärke, Eigelb** und **Wasabipaste** vermengen. Den Rest der **Gemüsebrühe** aufkochen lassen und **salzen.** Nun die Stärke-Eigelb-Masse hinzufügen und wie Pudding aufkochen lassen.

■ Das **Eiweiß** zu steifem Schnee schlagen und unterheben. Die Masse 0,5 cm dick auf eine Backmatte streichen und im warmen Ofen etwa 20 Stunden trocknen.* Danach aus dem Ofen nehmen, abkühlen lassen und in ungleichmäßige Stücke brechen.

■ Den **weißen Spargel** schälen und die holzigen Enden abschneiden. Den **grünen Spargel** im unteren Drittel schälen und die trockenen Enden abschneiden. Beide Spargelsorten waschen, längs halbieren und schräg in Stücke schneiden.

■ **Oliven-** und **Sesamöl** in einem Wok erhitzen. Spargel, **Karotten, Knoblauch** und **Ingwer** darin unter Rühren 5–6 Minuten braten.

■ Die **Korianderzweige** waschen und trocken schütteln. Die Blätter von den Zweigen zupfen und grob hacken.

■ **Sojasauce,** 1–2 EL Wasser und **Sambal Oelek** unter das Gemüse rühren. Mit **Salz** und **Pfeffer** würzen. Den Koriander einrühren.

Anrichten

■ Spargelsalat auf Tellern anrichten. Mit zerzupften **Friséesalatblättern, Korianderblättern** und **Kresse** garnieren. Die Wasabicracker dazwischenstecken.

Tipp

*Wem die Trocknungszeit für die Wasabicracker zu lange ist, kann sich mit scharfen Tortillachips, auch Nachos genannt, behelfen. Dieser auch bei uns beliebte Partysnack aus der Tex-Mex-Küche ist ein guter Begleiter des edlen Stangengemüses.

1

2

3

4

gelbe Linsen
Kartoffeln
Koriander
rote Paprika
Eier

Gelbe Linsenkroketten mit Koriander und Gemüsestreifen

Kartoffeln
Trüffel
Sellerie
Wachteleier
Kresse

Kartoffellasagne mit Périgordtrüffel und Blattspinat

Kartoffellasagne mit Périgordtrüffel und Blattspinat

Zubereitungszeit: 30 Minuten

Zutaten für 4 Portionen

600 g Kartoffeln (festkochend)
1 EL Pflanzenöl
100 g Butter
etwas Salz
200 g Sahne
1 Périgordtrüffel (40 g)
20 ml Madeira
500 g Knollensellerie (geschält und gewaschen)
10 ml schwarzes Trüffelöl
4 Wachteleier
etwas Honigkresse (zum Garnieren)

Zubereitung

■ Die **Kartoffeln** schälen, davon 100 g in hauchdünne Scheiben schneiden. Eine weite Pfanne mit dem **Pflanzenöl** ausstreichen und die Kartoffelscheiben darin überlappend so auslegen, dass man 8 Kartoffelplatten von ca. 4 x 10 cm erhält. Das Pflanzenöl erhitzen und die Kartoffelscheiben darin bei leichter Hitze goldgelb und kross braten.*

■ Die restlichen **Kartoffeln** weich kochen und mit 50 g **Butter,** etwas **Salz** und 150 g **Sahne** zu einem glatten Püree verarbeiten.

■ Die **Trüffel** sorgfältig bürsten und waschen. Davon 8 dünne Späne hobeln. Den Rest in Würfel schneiden. 1 EL **Butter** zerlassen und die Trüffelwürfel darin anschwitzen. Mit dem **Madeira** ablöschen und unter das Püree heben.

■ Vom **Sellerie** zwei fingerdicke Scheiben abschneiden und daraus acht runde Scheiben (Ø 2 cm) ausstechen. 1 EL **Butter** zerlassen und die Selleriescheiben darin von beiden Seiten weich dünsten. Etwas **salzen.**

■ Restlichen **Sellerie** in grobe Würfel schneiden. Bis auf 1 TL das **Trüffelöl** in einer Pfanne erhitzen, etwas **Salz** zufügen und die Selleriewürfel darin bei leichter Hitze dünsten. Die restliche **Sahne** hinzufügen und weiterdünsten, bis sich am Boden etwas brauner Belag bildet. Dann den Sellerie mit dem Stabmixer fein pürieren, durch ein feines Sieb passieren und nochmals mit **Salz** und 1 TL **Trüffelöl** abschmecken.

■ Für die **Wachteleier** die restliche **Butter** in einer Pfanne zerlassen und die Wachteleier darin braten. Anschließend rund ausstechen.

Tipp

*Wem das Braten der Kartoffelscheiben zu aufwendig ist, der kann auch Kartoffelchips (Natur) verwenden. Pro Portion rechnet man dann mit etwa drei bis vier Chips. Darauf wird das Kartoffel-Trüffel-Püree gegeben und mit einem weiteren Kartoffelchip abgedeckt. Als Alternative zur Trüffel können alle auf dem Markt erhältlichen Pilze verwendet werden.

2

3

Anrichten

■ Eine gebratene Kartoffelplatte auf den Teller legen. Das Kartoffel-Trüffel-Püree daraufspritzen und mit einer weiteren Kartoffelplatte bedecken. Mit einem Wachtelei und Trüffelspänen dekorieren. Die Selleriescheiben daneben anrichten. Etwas Kartoffelpüree daraufspritzen und mit **Kresse** garnieren. Etwas Selleriepüree dekorativ auf den Teller ziehen.

Tipp

Dieses Rezept ist eine moderne Version von Kartoffelpüree mit Blattspinat und Spiegelei. Für die schnelle Küche zwischendurch ist es durchaus empfehlenswert.

Auberginen
Tomaten
Gomasio
Vinaigrette
Pastis

Gefüllte Auberginenröllchen mit Salatherzen und Tomate

Gefüllte Auberginenröllchen mit Salatherzen und Tomate

Zubereitungszeit: 30 Minuten

Vegan

Zutaten für 4 Portionen

2 Auberginen
320 ml Olivenöl
etwas Salz
1 Knoblauchzehe
(geschält und fein gehackt)
1 EL Ahornsirup
1 EL Sweet-Chili-Sauce
2 EL Gomasio
(Rezept Seite 163)
8 EL Tomatenpolenta
(Rezept Seite 170)
12 Kirschtomaten
1 Zweig Thymian
2 Spritzer Pastis
2 Salatherzen
(oder Mini-Romana-Salat; 250 g)
4 EL Vinaigrette
(Rezept Seite 167)

Außerdem
8 Kürbisgitter
(Rezept Seite 149)
4 Blutsauerampferblätter
8 Rucolablätter

Zubereitung

■ Die **Auberginen*** waschen und den Stielansatz entfernen. Acht etwa 0,5 cm dicke Scheiben längs abschneiden, den Rest in kleine Würfel schneiden.

■ Nach und nach 200 ml **Olivenöl** in einer Pfanne erhitzen und die Auberginenscheiben darin von beiden Seiten goldbraun braten. Anschließend die Scheiben auf ein mit Küchenpapier belegtes Gitter legen und abtropfen lassen. Mit **Salz** bestreuen.

■ 100 ml **Olivenöl** in der Pfanne erhitzen und die Auberginenwürfel darin braten. Mit **Knoblauch, Ahornsirup, Sweet-Chili-Sauce** und **Salz** würzen. Eine Hälfte der Auberginenwürfel mit dem Stabmixer pürieren. Den Rest mit **Gomasio** zur **Tomatenpolenta** geben und vermengen.

■ Polentamischung auf die Auberginenscheiben geben und die Scheiben zu Röllchen formen.

■ Die **Kirschtomaten** waschen. Das restliche **Olivenöl** in einer Pfanne erhitzen und die Kirschtomaten zusammen mit dem **Thymianzweig** 2 Minuten dünsten. Leicht **salzen** und mit dem **Pastis** ablöschen.

■ Die **Salatblätter** lösen, waschen und trocken schleudern. Mit der **Vinaigrette** marinieren.

Anrichten

■ Je zwei Auberginenröllchen auf den Teller geben und mit drei **Kirschtomaten,** einigen **Salatblättern,** zwei **Kürbisgittern** sowie einem **Blutsauerampferblatt** und zwei **Rucolablättern** garnieren. Auberginenpüreetupfer auf dem Teller verteilen.

Tipp

* Auberginen sollte man nie roh essen. Sie enthalten Bitterstoffe wie das Alkaloid Solanin, die Magen- und Darmbeschwerden auslösen oder Übelkeit verursachen können. Leider nehmen sie beim Braten viel Fett auf. Wer das nicht möchte, pinselt die Auberginenscheiben vor dem Braten mit Öl ein (für einen mediterranen Geschmack ist Olivenöl vorzuziehen) und brät sie anschließend in einer Pfanne.

1

2

3

Süßes Finale

Der süße Schlusspunkt eines mehrgängigen Menüs fordert vom Koch noch einmal Höchstleistung. Denn anders als bei der Vorspeise sind wir beim Nachtisch eigentlich schon gesättigt. Doch gerade in dieser Herausforderung liegt für mich der besondere Reiz bei der Kreation neuer Desserts. Hier kann ich beim Zusammenstellen der einzelnen Komponenten und bei immer neuen Formen der Präsentation meiner Fantasie freien Lauf lassen. Was jetzt noch als letzte Versuchung auf dem Teller verführerisch lockt, muss purer Genuss sein, dessen kulinarischen Freuden meine Gäste gern erliegen.

Die unwiderstehlichen Naschereien sollen als Ausklang einer liebevoll und gekonnt komponierten Menüfolge nicht nur Süßschnäbel in Verzückung versetzen. Dabei muss es wie beim Bananensplit mit Mandelstreuseln nicht immer Schokolade sein, die alle Herzen höherschlagen lässt.

Saftige Früchte in knuspriger Begleitung können ebenso ein Menü krönen. Bester Beweis dafür ist die Rhabarbercreme mit Erdbeeren, Crispy Joghurt und Basilikumschaum.

Die Lust auf Süßes ist uns schon in die Wiege gelegt worden. „Sauer macht lustig", glaubt zwar der Volksmund. „Süß macht fröhlich", wissen dagegen die Biologen und Chemiker, denn Zucker beeinflusst nachweislich unsere Stimmung und macht uns fröhlich. Eine ungewöhnliche, aber äußerst verlockende Kombination beider Geschmacksrichtungen ist die Karotten-Aprikosen-Creme mit grünem Tee und Ingwer. Sie vereint ganz unterschiedliche Komponenten aus verschiedenen Kontinenten und hebt sich auch optisch von vielen Desserts ab. Ein süß-scharfes Finale, das vergnügt stimmt und lange in angenehmer Erinnerung bleiben wird.

Bananensplit und Bananensorbet mit Schokolade und Mandelstreuseln

Bananen
dunkle Schokolade
Mandeln
Vanilleschote
Sahne

Bananensplit und Bananensorbet mit Schokolade und Mandelstreuseln

Zubereitungszeit: 1 Stunde 15 Minuten

Zutaten für 4 Portionen

Für den Bananensplit

75 g Zucker
16 Bananenscheiben
30 g Butter
80 ml Rum
60 ml Weißwein

Für das Bananensorbet

25 g Glukosesirup
20 g Zucker
30 ml Weißwein
30 ml Ginger Ale
125 ml Bananenpüree
5 ml Zitronensaft

Für die Mandelstreusel

40 g Zucker
40 g Butter
15 g Mandelgrieß
15 g Kakaobohnenbruch
50 g Mehl

Für die Hippenwelle

30 g Mehl
etwas Zucker
5 g Kakaopulver
25 g Eiweiß
30 g Butter (flüssig)
etwas Kakaobohnenbruch

Zubereitung

■ Für den Bananensplit **Zucker** in einer Pfanne karamellisieren. Die **Bananenscheiben** einlegen und im Karamell wenden. **Butter** hinzufügen und mit **Rum** ablöschen. Den **Weißwein** angießen.

■ Für das Bananensorbet **Glukosesirup, Zucker** und **Weißwein** so lange erhitzen, bis sich der Zucker aufgelöst hat. Die übrigen **Zutaten** hinzufügen und in einer Eismaschine* gefrieren. Alternativ im Tiefkühlfach gefrieren und danach im Mixer mixen.

■ Für die Mandelstreusel den Backofen auf 160 Grad Ober-/Unterhitze vorheizen. **Zucker, Butter, Mandelgrieß**** und **Kakaobohnenbruch** mit den Knethaken eines Handrührgeräts vermengen. Das **Mehl** hinzufügen und so lange kneten, bis der Teig streuselartig ist. Im heißen Ofen 15 Minuten backen.

■ Die Streusel 0,5 cm dick auf ein mit Backpapier ausgelegtes Backblech streuen. Dabei darauf achten, dass die Streusel dicht aneinanderliegen, damit sie sich beim Backen verbinden.

■ Unmittelbar nach dem Backen – die Streusel müssen noch warm sein – sofort in 3 x 7 cm große Rechtecke schneiden.

■ Für die Hippenwelle die Temperatur des Backofens auf 180 Grad Ober-/Unterhitze erhöhen. **Mehl, Zucker, Kakaopulver** und das **Eiweiß***** vermengen. Die **Butter** unterrühren. Die Masse in einen Spritzbeutel füllen und dünn in Schlangen auf Backpapier aufspritzen. Mit **Kakaobohnenbruch** bestreuen und im heißen Ofen braun backen.

Fortsetzung auf der nächsten Doppelseite

Tipp

* Wer keine Eismaschine zur Verfügung hat, kann auch gerne Vanilleeis reichen. Statt der Bananenscheiben eignen sich auch halbierte Minibananen.

** Mandelgrieß findet man auch unter der Bezeichnung Mandelmehl im Handel, vor allem in den Onlineshops für Patisseriebedarf. Mandelgrieß ist Mandelpulver, besteht also aus sehr fein gemahlenen Mandeln.

*** Mittelgroße Eier haben ein Gewicht von etwa 50 g, große Eier wiegen 60 g. Wem das Abmessen von Eiern Probleme bereitet, dem sei empfohlen, die doppelte Menge zuzubereiten.

1

2

Karotten-Aprikosen-Creme mit grünem Tee und Ingwer

Karotten
Aprikosen
grünes Teepulver
Ingwer
Agar-Agar

Schokoladenmousse mit Kokosflan und Safranschaum

Ananas
Safran
Kokos
dunkle Schokolade
Metil

Erdbeeren
Rhabarber
Tonkabohnen
Zitronengras
weiße Schokolade

Rhabarbercreme mit Erdbeeren, Crispy Joghurt und Basilikumschaun

Rhabarbercreme mit Erdbeeren, Crispy Joghurt und Basilikumschaum

Zubereitungszeit: 40 Minuten

Zutaten für 4 Portionen

Für die Rhabarbercreme
500 g Rhabarberpüree
5 g Agar-Agar
3 Eiweiß
140 g Zucker
50 g Himbeermark

Für den Basilikumschaum
100 ml Milch
75 g weiße Kuvertüre
10 g Zucker
40 g Sahne
1 Handvoll Basilikumblätter
(gewaschen und trocken getupft)

Für das Zitronengras-Gelee
75 ml Weißwein
30 g Zucker
2 Halme Zitronengras
2 g Agar-Agar

Außerdem
4 Erdbeeren

Für die Garnitur
2 EL Schokoladen-Zitronen-Sauce
(Rezept Seite 173)
einige Basilikumblätter
(gewaschen und trocken getupft)
4 EL Joghurtmüsli
4 Schokoladenspiralen
(Rezept Seite 155)

Zubereitung

■ Das **Rhabarberpüree** in einen Topf füllen und mit **Agar-Agar** 1 Minute kochen.

■ **Eiweiß** und **Zucker** zu steifem Schnee schlagen. Mit dem **Himbeermark** unter das Rhabarberpüree heben und in eine flache Form füllen. Kalt stellen und anschließend in kleine Rechtecke schneiden.

■ Die **Milch** zum Kochen bringen. **Weiße Kuvertüre, Zucker** und **Sahne** einrühren und mit den **Basilikumblättern*** mit dem Pürierstab fein mixen. Die Mischung in eine iSi-Flasche füllen, mit zwei Patronen befüllen und kalt stellen.

■ Den **Weißwein** mit 125 ml Wasser, **Zucker** und **Zitronengras** aufkochen lassen und 20 Minuten ziehen lassen. Das Zitronengras herausnehmen. **Agar-Agar** zugeben und 1 Minute kochen. Das Ganze im Kühlschrank auskühlen lassen. Anschließend mit dem Pürierstab fein mixen. Einen Einwegspritzbeutel unten aufschneiden, sodass eine kleine Öffnung entsteht. Die Masse hineingeben.

■ Die **Erdbeeren** mit einem kleinen runden Ausstecher ausstechen. Den Basilikumschaum in die Erdbeeren spritzen.

Anrichten

■ Das Zitronengras-Gelee und die **Schokoladen-Zitronen-Sauce** als kleine Tupfer auf den Teller spritzen. Die Rhabarbercreme daneben anrichten und mit einigen Rhabarberwürfeln belegen. Je eine gefüllte Erdbeere danebenlegen, mit **Basilikumblättern** garnieren. Mit **Joghurtmüsli** und einer **Schokoladenspirale** dekorieren.

Tipp

*Man kann für das Rezept statt Basilikum auch Waldmeister verwenden. Das ist ein aromatisches, zart duftendes Kraut. Zur Erdbeer- und Rhabarberzeit, also in den Frühlings- und frühen Sommermonaten, findet man es in lichten Laubwäldern.

1
2
3
4

Espresso
Äpfel
Haselnussnougat
Sekt
Eier

Haselnussnougatkrapfen mit Apfel und Schokoladenschaum

Haselnussnougatkrapfen mit Apfel und Schokoladenschaum

Zubereitungszeit: 1 Stunde 30 Minuten

Zutaten für 4 Portionen

Für die Nougatmasse

60 ml Milch
50 g Sahne
10 ml Calvados
100 g Haselnussnougat
100 g dunkle Kuvertüre (72 %)

Für den Kakao-Sekt-Teig

140 ml Sekt
1 Ei
25 g Kakaopulver
25 g Butter (flüssig)
125 g Mehl
1 Prise Salz

Für die Hippen

2 Eiweiß
130 g Butter (flüssig)
100 g Mehl
130 g Puderzucker

Für die Äpfel

2 Äpfel
200 ml Apfelsaft
20 g Zucker
10 ml Calvados
20 g Himbeermark

Zubereitung

■ Für die Nougatmasse **Milch, Sahne** und **Calvados** aufkochen lassen. **Nougat** und **Kuvertüre** darin schmelzen lassen, dann das Ganze kalt stellen, bis es wieder fest ist und man es zu Kugeln formen kann.

■ Aus **Sekt, Ei, Kakaopulver, Butter, Mehl** und **Salz** einen glatten Teig herstellen.

■ Für die Hippen* den Backofen auf 200 Grad Ober-/Unterhitze vorheizen.

■ **Eiweiß, Butter, Mehl** und **Puderzucker** glatt rühren. Die Masse hauchdünn auf Backpapier aufstreichen und 3 Minuten im heißen Ofen backen. Herausnehmen und kurz auskühlen lassen. Anschließend in 2,5 x 11 cm lange Streifen schneiden. Die Streifen nochmals 3 Minuten backen und danach rasch um einen Besenstiel oder Ähnliches wickeln. Der Ring wird sehr schnell fest, man kann ihn dann leicht abnehmen.

■ Die **Äpfel**** schälen, entkernen und das Fruchtfleisch in quadratische Plättchen schneiden. Den **Apfelsaft** in einen Topf geben. **Zucker, Calvados** und die Äpfel hinzufügen und weich köcheln. Die Äpfel herausnehmen. Die Hälfte der Äpfel mit dem **Himbeermark** vermengen und kalt stellen.

■ Aus der Nougatmasse pralinengroße Kugeln formen. Die Kugeln nacheinander in **Eiweiß** und in den **Haselnüssen** wälzen. Einen Holzspieß (Zahnstocher) in die Kugeln stecken und einfrieren. Kurz vor dem Servieren die Kugeln durch den Kakao-Sekt-Teig ziehen (dabei am Holzspieß anfassen) und in der Fritteuse 5 Minuten frittieren.***

Tipp

*Hippen kann man auch ein paar Tage im Voraus backen. Dann sollte man aber darauf achten, dass sie in einem Gefäß luftdicht verschlossen und trocken gelagert werden. Sonst werden sie durch die vorhandene Luftfeuchtigkeit schnell wieder weich.

**Statt Äpfel zu verwenden, kann man dieses Rezept auch je nach Saison abwandeln. Es ist besonders gut zu kombinieren mit Birnen, Erdbeeren und eingelegten Kirschen.

***Beim Frittieren den Holzspieß zu Beginn 10 Sekunden festhalten, bevor man die Kugeln absenkt. So vermeidet man, dass sie im Frittierkorb aneinanderkleben.

2

3

Zum Panieren

1 Eiweiß

4 EL Haselnüsse
(gemahlen)

Außerdem

1 l Pflanzenöl
(zum Frittieren)

4 EL Schokoladen-Zitronen-Sauce
(Rezept Seite 173)

etwas weißer Schokoladenschaum

2 EL Puderzucker

Anrichten

■ Die **Schokoladen-Zitronen-Sauce** mit einem Silikonpinsel auf den Teller streichen und die Apfelstücke darauf verteilen. Die Hippe mit dem **Schokoladenschaum****** füllen und mit den Nougatkrapfen (nach Belieben auf einem Boden aus zerbröselten Schokoladenchips oder -flakes) auf dem Teller platzieren. Mit **Puderzucker** bestreuen.

Tipp

**** Für den Schokoladenschaum: 200 ml Milch mit 1 aufgeschlitzten Vanillestange aufkochen lassen. 150 g weiße Kuvertüre in Stücken und 20 ml Glukosesirup hinzufügen und das Ganze durch ein feines Sieb passieren. In eine iSi-Flasche füllen, mit zwei Patronen befüllen und kalt stellen.

Sautierte Apfelsamosas mit Schokoladensorbet

Frühlingsrollenteig
Glasnudeln
Äpfel
Zimt
dunkle Schokolade

Sautierte Apfelsamosas mit Schokoladensorbet

Zubereitungszeit: 40 Minuten + Zeit zum Einfrieren

Vegan

Zutaten für 4 Portionen

125 g dunkle Kuvertüre (72 %)
etwa 200 g Zucker
20 ml Calvados
520 ml Pflanzenöl
60 g Glasnudeln
1 TL Zimtpulver
3 Äpfel
200 ml Apfelsaft (naturtrüb)
4 Blatt Frühlingsrollenteig

Außerdem

4 Stiele Honigkresse (zum Garnieren)

Zubereitung

■ Die **Kuvertüre** im Wasserbad schmelzen und mit 250 ml Wasser, 150 g **Zucker** und **Calvados** verrühren. Die Masse in ein Gefäß geben und dieses in den Gefrierschrank stellen. Anschließend mit dem Mixer glatt rühren.*

■ 500 ml **Pflanzenöl** auf 175 Grad erhitzen und die **Glasnudeln** darin frittieren (siehe Seite 149). Dann nach Belieben mit **Zucker** und **Zimt** würzen. Das Öl beiseitestellen.

■ Die **Äpfel** schälen und das Kerngehäuse entfernen. Das Fruchtfleisch von 1½ Äpfeln in kleine Würfel schneiden.

■ 25 g **Zucker** in einer Pfanne karamellisieren lassen. Den **Apfelsaft** hinzufügen und die Apfelwürfel darin garen.

■ Restliche **Äpfel** in Spalten schneiden. Das restliche **Pflanzenöl** in einer Pfanne erhitzen und die Apfelspalten darin kurz anbraten.

■ Die Apfelwürfel in den Frühlingsrollenteig einschlagen. 3 EL des beiseitegestellten Pflanzenöls erhitzen und die Apfelsamosas darin auf beiden Seiten goldgelb braten.

Anrichten

■ Die Glasnudeln auf einen Teller legen und darauf zwei Samosas anrichten. Dazwischen die gebratenen Apfelspalten verteilen. Mit **Honigkresse** garnieren. Zum Schluss eine Kugel Sorbet** daraufsetzen.

Tipp

* Ein Sorbet lässt sich wunderbar mithilfe des heimischen Kühlfachs zaubern, denn die Eismaschine erspart eigentlich nur das Rühren. Um eine cremige, leicht körnige Konsistenz zu erhalten, muss man das Sorbet nach der Gefrierzeit kräftig durchrühren – am besten auch ab und zu während des Gefrierens.

** Nichtveganer können das Sorbet durch eine Kugel Schokoladeneis ersetzen. Das Rezept finden Sie auf Seite 173.

1
2
3
4

Wissenswertes vom Sternekoch

Küchenpraxis und Deko-Tipps

Artischocken

Zubereitungszeit: 2 Minuten pro Artischocke

Zubereitung

- Mit dem Handballen so lange auf den Artischockenstiel drücken, bis er herausbricht. Auf diese Weise können die Fäden im Artischockenboden ebenfalls herausgezogen werden.
- Dann die unterste Reihe der Artischockenblätter entfernen und die restlichen Blätter mit einem Messer abschneiden. Die Spitze an der Stelle kappen, wo der Artischockenboden endet.
- Das Innere des Bodens (Heu) mit einem Löffel herausschaben.
- Abschließend den Artischockenboden sorgfältig so beschneiden, dass er eine optisch schöne Form erhält.

Tipp

Artischocken können auch im Ganzen gekocht werden. Dazu entfernt man den Artischockenstiel und legt oben und unten je eine Zitronenscheibe auf die Artischocke. Diese bindet man mit einem Küchenfaden fest und kocht die Artischocke in leicht gesalzenem Wasser, das mit etwas Zitronensaft versetzt ist, 20 Minuten weich. So kann man außer dem Boden auch den unteren Teil der Blätter essen.

Mini-Pak-Choi

Zubereitungszeit: 10 Minuten

Zubereitung

- Das Gemüse nach dem Waschen längs halbieren. Eine Grillpfanne erhitzen und mit einem Tuch sowie etwas geröstetem Sesamöl auswischen. Pak Choi direkt darauflegen.
- Sobald das Grillmuster an der Unterseite zu erkennen ist, Pak Choi wenden.
- Leicht mit Salz und Pfeffer würzen und mit etwas Teriyakisauce überziehen.

Tipp

Falls man nur großen Pak Choi bekommt, ist schon ein halber Kopf sehr groß. Man schneidet ihn diagonal in walnussgroße Stücke und brät diese scharf in einem Wok oder in einer Pfanne an.

1.1–1.6 Artischocken
2.1–2.3 Mini-Pak-Choi

2.2

1.5

1.2

2.3

1.6

1.3

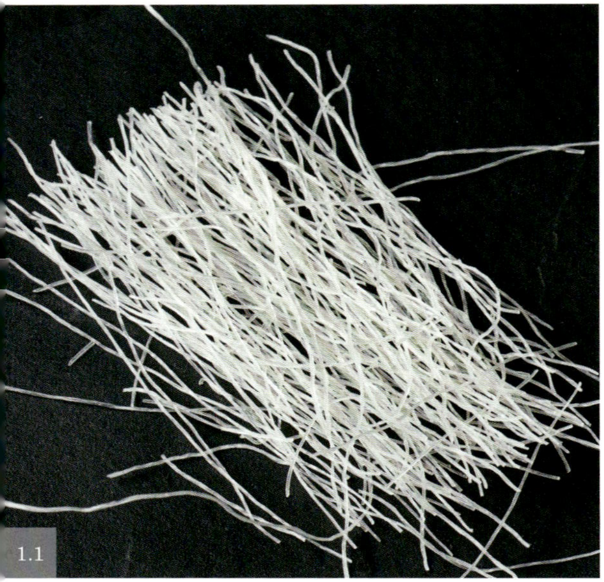
1.1

1.2

1.3

2.1

2.2

2.3

1.1–1.3 Glasnudeln
2.1–2.3 Kürbisgitter

Glasnudeln frittieren

Zubereitungszeit: 1 Stunde 10 Minuten

Zubereitung

- Die Glasnudeln vor dem Frittieren 1 Stunde in kaltes Wasser legen. Danach trocken tupfen und nach Bedarf mit einer Schere gleich lang schneiden.
- Wird keine Fritteuse verwendet, einen hohen Topf mit Pflanzenöl aufstellen. Das Pflanzenöl auf 175 Grad erhitzen und die Glasnudeln einlegen.
- Die Glasnudeln mit einer Schaumkelle herausnehmen und auf Küchenpapier abtropfen lassen.

Tipp

Glasnudeln lassen sich für Desserts, Vorspeisen und Hauptgerichte verwenden. Direkt nach dem Frittieren sollten sie gewürzt werden, dann nehmen sie die Gewürze am besten auf, z. B. Zucker und Zimt, Curry oder Chilipulver.

Kürbisgitter

Zubereitungszeit: 15 Minuten

Zubereitung

- Den Kürbis schälen und entkernen. Das Fruchtfleisch zuerst in 1 mm dicke Scheiben, diese dann in 1 x 8 cm große Streifen schneiden.
- Die Streifen nun möglichst dicht zu einem Gitter aneinanderlegen. Dazu legt man einen Streifen quer und schlägt drei Streifen wieder zurück. Danach schlägt man vier Streifen zurück und wieder einen Streifen quer etc.
- Sobald das Gitter fertig ist, legt man es vorsichtig mit einer Winkelpalette in eine heiße, mit Öl ausgestrichene Pfanne und brät es bei leichter Hitze von beiden Seiten goldgelb.

Tipp

Damit die Kürbisstreifen beim Braten besser miteinander verkleben, streicht man sie vorher mit etwas Eiweiß ein. Alternativ zu Kürbis bieten sich auch Süßkartoffeln an. Diese haben einen hohen Stärkeanteil und halten somit auch ohne Eiweiß gut.

Gemüse-Kartoffel-Chips

Zubereitungszeit: 15 Minuten

Zubereitung

■ Eine rohe Kartoffel in hauchdünne Scheiben hobeln und auf Küchenpapier sorgfältig trocken tupfen. Das Gemüse* etwas kleiner als die Kartoffelscheiben ausschneiden oder ausstechen. Nun mit einer zweiten Kartoffelscheibe bedecken und etwas andrücken.

■ Etwas Pflanzenöl in einer Pfanne erhitzen und die Kartoffelscheiben bei leichter Hitze von beiden Seiten goldbraun braten. Herausnehmen und auf Küchenpapier abtropfen lassen.

Tipp

*Für Gemüse-Kartoffel-Chips können unterschiedliche Gemüsesorten, aber auch einzelne ganze Kräuterblätter verwendet werden (1.4–1.6). Wichtig ist, das Gemüse vorher weich zu dünsten – ausgenommen Gemüse, das man auch roh verzehren kann, z. B. Avocados oder Tomaten.

Tomatenchips

Zubereitungszeit: 5 Stunden

Zubereitung

■ Dazu bedarf es schöner, festfleischiger Früchte, die man in 1 mm dicke Scheiben schneidet.

■ Die Tomatenscheiben mit Puderzucker** bestäuben und auf eine Folie legen. In einem Dörrgerät oder im auf 65 Grad Ober-/Unterhitze vorgeheizten Backofen 4–5 Stunden trocknen. Dabei zwischendurch immer wieder wenden.

Tipp

**Will man am Ende der Trocknungszeit keinen Puderzucker mehr auf den Chips sehen, sondern einen feinen Glanz, nimmt man statt des Puderzuckers Läuterzucker. Dazu kocht man 100 ml Wasser mit 100 g Zucker auf und zieht die Tomatenscheiben vor dem Trocknen durch diesen Fond.

1.1–1.3 Gemüse-Kartoffel-Chips
1.4–1.6 Kräuter-Kartoffel-Chips
2.1–2.3 Tomatenchips

2.2

1.5

1.2

2.3

1.6

1.3

Kräuterhippen

Zubereitungszeit: 15 Minuten + 2 Stunden 10 Minuten für den Nudelteig

Zubereitung

- Den Nudelteig (Rezept Seite 165)* sehr dünn ausrollen und mit verquirltem Eiweiß einstreichen. Die Kräuter daraufstreuen. Den Teig in die gewünschte Form (rund, dreieckig oder rechteckig) schneiden oder ausstechen.
- Pflanzenöl 0,5 cm hoch in eine Pfanne füllen und die Nudelformen goldgelb backen.

Tipp

*Man kann den Nudelteig auch vorher einfärben, z. B. mit Tomatenmark, Zuckercouleur oder Petersilien- bzw. Spinatpüree, oder die Hippen mit Gewürzen wie Chili, Curry oder Wasabi variieren.

Waffelkartoffeln

Zubereitungszeit: 15 Minuten

Zubereitung

- Eine geschälte rohe Kartoffel an einer Seite gerade schneiden. Mit dieser Seite auf eine Mandoline** legen. Einmal von oben nach unten hobeln, dabei die Riffelseite verwenden.
- Dann die Kartoffel um fast 90 Grad drehen und wieder nach unten hobeln. Die erste Waffelkartoffel fällt nun unten heraus. Eventuell die Riffelscheiben entsprechend justieren. So weiter verfahren, bis man die entsprechende Menge erhalten hat.
- Die Waffelkartoffeln nun wie Chips in 175 Grad heißem Pflanzenöl frittieren.

Tipp

**Eine Mandoline ist ein Profiküchengerät, mit dem Gemüse und Obst schnell und präzise in alle möglichen Formen und Stärken geschnitten werden kann. Ein nicht vollwertiger Ersatz ist ein Gemüsehobel.

1.2

1.3

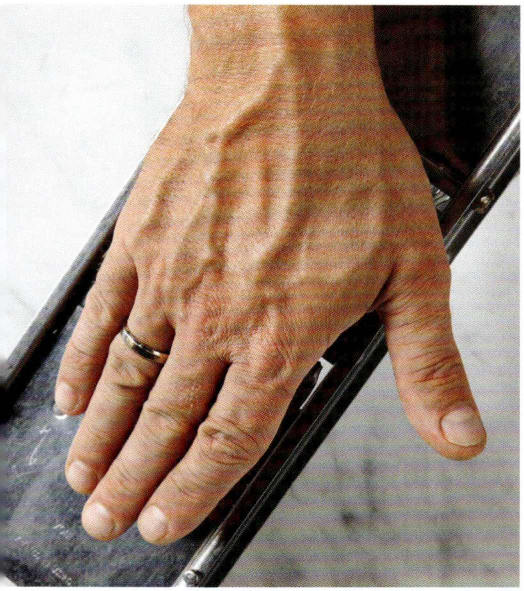

2.2

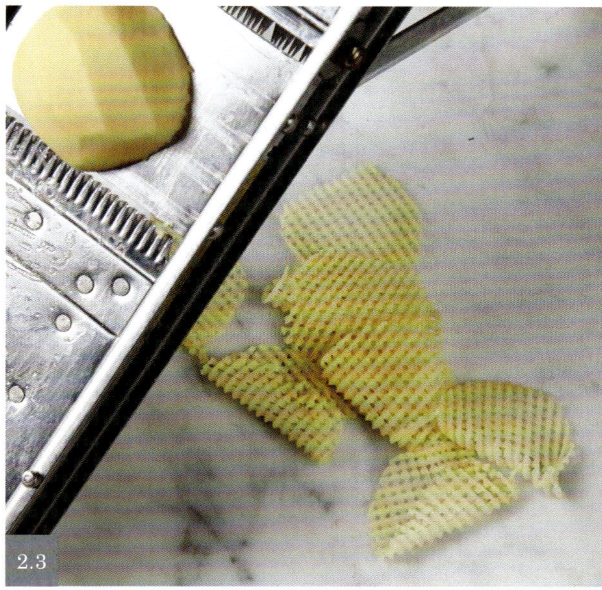
2.3

1.3

2.3

3.3

1.2

2.2

3.2

1.1

2.1

3.1

Schokoladenfäden

Zubereitungszeit: 10 Minuten + 2 Stunden zum Einfrieren des Wassers

Zubereitung

- Eine runde Schüssel halb mit Wasser füllen und in den Gefrierschrank stellen. Auf diese Weise bleibt sie später lange genug kalt.
- Nun weiße und dunkle Kuvertüre über dem Wasserbad oder in einer Mikrowelle schmelzen und in einen Spritzbeutel füllen. Auf die geeiste Schüssel viele dünne Fäden aufspritzen.
- Die Fäden formen (z. B. zu einer Schleife), solange die Kuvertüre noch nicht fest ist. Dann auf einen Teller legen und bis zum Gebrauch in den Kühlschrank stellen.

Tipp

Für Schokoladenförmchen (siehe Seite 130) dunkle Kuvertüre über dem Wasserbad schmelzen und auf 32 Grad temperieren. Einen eckigen Eiswürfel in Klarsichtfolie einpacken. Die Folie an einem Ende mit der Hand nehmen und die Folie mit dem Eiswürfel bis zum oberen Rand in die aufgelöste Kuvertüre tauchen. Auf einer Folie absetzen und 1–2 Minuten in den Kühlschrank stellen. Dann kann man den Eiswürfel mit der Folie entfernen. In 15 Minuten ist die kleine Schokoladenform fertig.

Schokoladenspiralen

Zubereitungszeit: 20 Minuten

Zubereitung

- Dunkle Kuvertüre erst über einem Wasserbad schmelzen und dann in einen Spritzbeutel füllen. In der Zwischenzeit die Metalltüllen mit Wasser füllen und einfrieren; zuvor die kleinen Löcher unten mit weicher Butter verschließen.
- Nun die Kuvertüre als Spirale (4 Umdrehungen) auf die Tülle spritzen und wieder einfrieren.
- Sobald die Kuvertüre fest geworden ist, kann man sie mit dem Finger vorsichtig lösen.

1.1–1.3 Schokoladenfäden
2.1–2.3 Schokoladenspiralen
3.1–3.3 Schokoladenförmchen

Grundrezepte Basiswissen

Gemüsebrühe

Zubereitungszeit: 1 Stunde 20 Minuten

Ergibt 1,5 l

1 großes Bund Suppengrün (aus Karotte, Petersilienwurzel, Knollensellerie, Lauch)
1 Zwiebel
½ junge Knoblauchknolle
1 Tomate
1 Bund Thymian (gewaschen und trocken geschüttelt)
10 g Salz
1 EL schwarze Pfefferkörner
1 Lorbeerblatt

Zubereitung

- **Karotte, Petersilienwurzel** und **Knollensellerie** schälen und in grobe Stücke schneiden.
- Vom **Lauch** das Wurzelende sowie die verwelkten und gelben Teile entfernen. Den Lauch einmal längs einschneiden und unter fließendem kaltem Wasser so waschen, dass alle Schichten gut gereinigt werden. Den Lauch in Stücke schneiden.
- Die **Zwiebel** halbieren – nicht schälen, denn die Schale ist für die schöne Farbe der Brühe verantwortlich. **Knoblauchknolle** etwas platt drücken. Die **Tomate** waschen und halbieren.
- Gemüse, **Thymian** und **Gewürze** in 2 l kaltes Wasser geben. Das Ganze aufkochen und 1 Stunde bei geringer Temperatur köcheln lassen. Hat man die Gemüsebrühe gern etwas kräftiger, lässt man sie noch einige Zeit länger köcheln.
- Anschließend das Gemüse herausnehmen und den Fond einfrieren.
- Alternativ den Fond nochmals aufkochen lassen und heiß in saubere Twist-off-Gläser füllen. Die Gläser sofort mit Deckel verschließen und auf den Kopf gestellt kalt werden lassen. Der Fond hält sich so im Kühlschrank etwa drei Wochen.

Tipp

Diese Gemüsebrühe ist eine Basisbrühe und für nahezu alle Gerichte einsetzbar. Je nach Verwendung lässt sich die Brühe jedoch auch durch andere Kräuter und Gewürze verändern, z.B. durch die Zugabe von Rosmarin statt Thymian oder indem man Safran zufügt. Wer eine schnelle Variante für eine Gemüsebrühe sucht, kann Sojasauce, gestreckt mit Wasser, verwenden.

1

2

3

1.1–1.3 Gemüsebrühe aus Kombu-Algen
2.1–2.3 Tofu selbst gemacht

Gemüsebrühe aus Kombu-Algen

Zubereitungszeit: 20 Minuten

Ergibt 1 l

3,5 g Kombu-Algen
2 g Kombu-Algen (gehobelt)
1 Halm Zitronengras
1 EL Ingwer (fein gerieben)
3 Kaffirlimettenblätter
40 ml Mirin
30 ml Sojasauce (hell)
30 ml Lime Juice

Zubereitung

■ 900 ml Wasser aufkochen lassen und **Kombu-Algen, Zitronengras, Ingwer** und **Kaffirlimettenblätter** zugeben. 10 Minuten abgedeckt ziehen lassen. Die Brühe durch ein Sieb passieren und **Mirin, Sojasauce** und **Lime Juice** hinzufügen.

Tipp

Diese Gemüsebrühe eignet sich hervorragend für Rezepte der asiatischen Küchen.

Tofu selbst gemacht

Zubereitungszeit: ca. 1 Tag

Zutaten für 4 Portionen

300 g Sojabohnen (getrocknet)
22 g Salz

Zubereitung

■ Die eingeweichten **Sojabohnen*** mit 2 l Wasser fein mixen und in einen Topf geben. Das **Salz** hinzufügen und 15 Minuten köcheln lassen. Dann in einem Passiertuch sorgfältig auspressen. Die entstandene Flüssigkeit kann als Sojamilch verwendet werden.
■ Den Sojabohnenquark in ein neues Tuch einschlagen und in eine Form mit Löchern geben. Leicht beschweren und 1 Stunde darin pressen.
■ Danach den entstandenen Tofu** vorsichtig herausnehmen und sofort verzehren oder in leicht gesalzenem Wasser einlegen.

Tipp

*Sojabohnen werden nach dem Waschen 12 Stunden in 1,2 l Wasser eingelegt. Sie sollten dann das gesamte Wasser aufgenommen haben.

**Tofu schmeckt leicht geräuchert besonders gut.

Gemüsevelouté

Zubereitungszeit: 10 Minuten + 1 Stunde 20 Minuten für die Gemüsebrühe

Ergibt 1 l

50 g Butter
50 g Mehl
800 ml Gemüsebrühe
(Rezept Seite 158)
200 g Sahne

Zubereitung

■ Die **Butter*** in einem Topf zerlassen. Das **Mehl** zugeben und in der Butter anschwitzen.
■ Die kalte **Gemüsebrühe** angießen und aufkochen lassen. Die **Sahne** hinzufügen.

Tipp

* Wer einer fettfreien Velouté den Vorzug gibt, kann den Fond mit Maisstärke binden. Hierfür dieselbe Menge Mehl sowie die Stärke mit etwas kalter Gemüsebrühe glatt rühren. Anschließend in die kochende Brühe einrühren.

Gomasio

Zubereitungszeit: 10 Minuten

Ergibt ca. 900 g

100 g Meersalz
800 g weiße Sesamsamen

Zubereitung

- Den Backofen auf 190 Grad Ober-/Unterhitze vorheizen. Das **Meersalz** in einer Pfanne warm werden lassen, damit die Restfeuchtigkeit entweicht.
- Den **Sesam*** trocken im heißen Ofen rösten. Anschließend in einem Mörser fein zermahlen oder in einem Mixer mixen. Mit dem Salz mischen.

Tipp

* Das Wort „Gomasio" setzt sich aus „Goma" und „S(h)io" zusammen = Sesamsalz. Es wird vor allem in der japanischen Küche verwendet. Aufgrund seines nussig-würzigen Geschmacks würzt es Salate, Gemüse- und Getreidegerichte, Suppen und Brotaufstriche. Interessant: Statt mit Sesamsamen sollte man auch einmal eine Variante mit Kürbiskernen versuchen.

Kartoffelaioli

Zubereitungszeit: 30 Minuten

Vegan

Ergibt 1 kg

800 g Kartoffeln (mehligkochend)
5 Knoblauchzehen
etwas Salz
1 EL Zitronensaft
200 ml Olivenöl (Extra Vergine)
etwas schwarzer Pfeffer (aus der Mühle)

Außerdem
1 EL Petersilie (oder andere – auch gemischte – Kräuter; fein gehackt)

Zubereitung

- Die **Kartoffeln*** schälen und weich kochen. Die **Knoblauchzehen** schälen, fein hacken und mit etwas **Salz** vermengen.
- Kartoffeln durch die Kartoffelpresse drücken und mit Knoblauch und **Zitronensaft** vermischen.
- Das **Olivenöl** nach und nach unterrühren. Mit **Salz** und **Pfeffer** würzen. Nach Belieben **Petersilie** oder andere Kräuter hinzufügen.

Tipp

*Nichtveganer können die Hälfte der Kartoffeln durch Mayonnaise ersetzen. Das Olivenöl kann dann entfallen.

Nudelteig

Zubereitungszeit: 10 Minuten + 2 Stunden Ruhezeit

Ergibt 800 g

350 g Mehl
150 g feiner Hartweizengrieß
4 Eier
4 Eigelb
5 g Salz
1 Prise Kurkuma
10 ml Olivenöl (Extra Vergine)

Zubereitung

■ **Mehl, Grieß*, Eier, Eigelbe, Salz, Kurkuma** und **Olivenöl** 2–3 Minuten zu einem glatten, elastischen Teig verarbeiten.

■ Anschließend den Teig in Klarsichtfolie einschlagen und 2 Stunden kühl stellen.

Tipp

*Wer keinen feinen Hartweizengrieß zur Hand hat, kann die Menge auch durch dieselbe Menge Mehl ersetzen.

Pesto

Zubereitungszeit: 15 Minuten

Ergibt 300 g

250 g Basilikumblätter
30 g Pinienkerne
2 Knoblauchzehen
80 g labfreier Hartkäse
½ TL Meersalz
150 ml Olivenöl (Extra Vergine)

Zubereitung

■ **Basilikumblätter*** waschen und trocken tupfen.

■ Die **Pinienkerne** in einer Pfanne ohne Fett leicht rösten. **Knoblauchzehen** schälen und grob hacken. Den **Käse** in kleine Würfel schneiden.

■ Knoblauch und **Meersalz** in einem großen Mörser zerstoßen. Pinienkerne dazugeben und mit zerstampfen. Basilikumblätter in kleinen Portionen dazugeben und ebenfalls zermahlen.

■ Die Paste und die kleinen Käsewürfel in ein Gefäß geben. Zuerst tropfenweise, dann in feinem Strahl so viel **Olivenöl** unterrühren, bis eine geschmeidige, leicht stückige Sauce entstanden ist.

Tipp

*Traditionell wird für Pesto Basilikum verwendet. Man kann das Rezept aber auch einmal abwandeln und anstelle von Basilikum Rucola, Bärlauch, eine Kräutermischung, ja sogar Petersilie hinzufügen. Ausprobieren! Es lohnt sich.

Vinaigrette

Zubereitungszeit: 10 Minuten + 1 Stunde 20 Minuten für die Gemüsebrühe

Ergibt 650 ml

150 ml Gemüsebrühe (Rezept Seite 158)
1 EL Senf (mittelscharf)
1 TL Madeira
1 TL roter Portwein
1 EL brauner Zucker
25 ml Aceto balsamico di Modena
25 ml Sherry-Essig
100 ml Weißweinessig
150 ml Olivenöl (Extra Vergine)
150 ml Maiskeimöl

Zubereitung

- Die **Gemüsebrühe** herstellen.
- Gemüsebrühe, **Senf, Madeira*, Portwein*, braunen Zucker, Aceto balsamico, Sherry-Essig** und **Weißweinessig** mit Ausnahme der beiden Ölsorten verrühren.
- Dann nach und nach das **Oliven**- und das **Maiskeimöl** einrühren. Dadurch bindet die Vinaigrette und trennt sich nicht. (Sollte sie sich doch trennen, kann man sie in einer Flasche schütteln.)

Tipp

*Madeira und Portwein werden durch Einkochen reduziert. Man lässt jeweils 50 ml auf 1 TL reduzieren. Wichtig: Keinesfalls das Öl einmixen! Die Vinaigrette würde durch das Einmixen milchig und trüb.

Mayonnaise

Zubereitungszeit: 10 Minuten

Ergibt 500 g

3 Eigelb
5 g Senf
1 EL Weißweinessig
4 g Salz
400 ml Pflanzenöl

Zubereitung

■ **Eigelbe, Senf, Essig,** 1 EL Wasser und **Salz** in einer Schüssel schaumig rühren. Dann erst das **Öl** tropfenweise und anschließend in einem Strahl unter ständigem Rühren zugeben, bis eine feste Mayonnaise* entsteht.

Tipp

*Beim Herstellen von Mayonnaise darauf achten, dass alle Zutaten dieselbe Temperatur haben, um ein Gerinnen zu vermeiden. Ist die Mayonnaise einmal geronnen, gibt man 1 EL kaltes Wasser in eine zweite Schüssel und fügt die Mayonnaise unter ständigem Rühren tropfenweise zu dem Wasser hinzu.

Kartoffelgnocchi

Zubereitungszeit: 45 Minuten

Zutaten für 4 Portionen

350 g Kartoffeln
(mehligkochend; am Vortag geschält und weich gekocht)
1 Ei
1 Eigelb
80 g Hartweizengrieß
(doppelt gemahlen, Nudelgrieß)
etwas Salz
etwas schwarzer Pfeffer
(aus der Mühle)

Außerdem
etwas Mehl

Zubereitung

■ Die **Kartoffeln** durch die Kartoffelpresse drücken und mit **Ei, Eigelb** und **Grieß** zu einem festen Teig verarbeiten. Mit **Salz** und **Pfeffer** würzen. Mithilfe eines Spritzbeutels lange Schlangen auf eine **mehlierte** Arbeitsplatte spritzen. Davon mit einer Teigkarte 2 cm lange Stücke abtrennen und zu Kugeln formen. Die Kugeln mit einer Gabel leicht einkerben.

■ Reichlich Wasser zum Kochen bringen und die Gnocchi einlegen. Sobald sie an die Oberfläche steigen, mit einem Schaumlöffel herausnehmen und weiterverarbeiten.*

Tipp

*Gnocchi kann man in flüssiger Butter schwenken oder nach Belieben in einer Sauce servieren.

Tomatenpolenta

Zubereitungszeit: 30 Minuten + 1 Stunde 20 Minuten für die Gemüsebrühe

Zutaten für 4 Portionen

1 Schalotte
3 EL Olivenöl
2 EL Tomatenmark
5 Tomaten
300 ml Gemüsebrühe
(Rezept Seite 158)
2 Kapseln Sternanis
100 g Polenta
(grob gemahlen)
etwas Salz
etwas Zucker

Zubereitung

- Die **Schalotte** schälen und fein hacken. 2 EL **Olivenöl** in einer Pfanne erhitzen und die Schalotten darin glasig anschwitzen. Das **Tomatenmark** hinzufügen und kurz mit anschwitzen.
- Die **Tomaten** waschen und den Stielansatz entfernen. 3 Tomaten in Stücke schneiden und mit der **Gemüsebrühe** in eine Pfanne geben. Aufkochen lassen und mit dem Pürierstab mixen. **Sternanis** hinzufügen und 20 Minuten ziehen lassen. Anschließend das Ganze durch ein Sieb passieren. Daraus sollten ca. 500 ml Tomatenfond entstehen.
- Den Tomatenfond erhitzen und die **Polenta** mit dem restlichen **Olivenöl** darin kochen. Unter ständigem Rühren bei geringer Temperatur 8 Minuten köcheln lassen. Die verdampfte Flüssigkeit wieder mit Wasser auffüllen.
- In der Zwischenzeit die restlichen **Tomaten** 10 Sekunden in kochend heißem Wasser blanchieren. Anschließend kalt abschrecken, häuten und entkernen. Das Fruchtfleisch in kleine Würfel schneiden und unter die Polenta heben. Mit **Salz** und einer Prise **Zucker** würzen.

Tipp

Für eine einfache und schnelle Variante kann man Tomatensaft und Gemüsebrühe im Verhältnis 1 : 1, 250 ml Brühe und 250 ml Saft, mischen.

Schokoladen-Zitronen-Sauce

Schokoladen-Zitronen-Sauce

Zubereitungszeit: 15 Minuten

Ergibt 300 ml

30 g Butter
50 g dunkle Kuvertüre (72 %)
40 g brauner Zucker
100 g Mangopüree
100 ml Zitronensaft

Zubereitung

- **Butter, Kuvertüre** und **Zucker** im Wasserbad schmelzen lassen.
- **Mangopüree*** und **Zitronensaft*** zugeben und glatt rühren.

Tipp

*Wem diese Kreation nicht zusagt, der kann Mangopüree und Zitronensaft durch 150 g Sahne ersetzen.

Schoko-Espresso-Lack

Zubereitungszeit: 15 Minuten

Ergibt 400 ml

250 g Zucker
150 ml Espresso
20 g dunkle Kuvertüre (72 %)
2 EL Kakaopulver

Zubereitung

- Den **Zucker** in einer Pfanne dunkel karamellisieren lassen und mit dem **Espresso** ablöschen.
- **Kuvertüre** und **Kakaopulver** unterrühren. Die Masse durch ein Sieb passieren und kalt stellen.

Tipp

Statt des Lacks kann man Schokoladensauce verwenden. Allerdings glänzt diese nicht so verführerisch.

Schokoladeneis

Zubereitungszeit: 1 Stunde

Zutaten für 8 Portionen

120 g dunkle Kuvertüre (72 %)
250 g Sahne
250 ml Milch
100 g Zucker

Zubereitung

- Die **Kuvertüre** hacken.
- Die **Sahne** mit der **Milch** aufkochen lassen. Den **Zucker** hinzufügen und die **Kuvertüre** einrühren.
- Dann durchmixen und in einer Eismaschine* gefrieren lassen.

Tipp

*Das Rezept ist eine Alternative zum Sorbet auf Seite 140 ff. Wer keine Eismaschine hat, der kann die Masse einfrieren und danach in einem Standmixer (kein Pürierstab!) glatt mixen.

Pflanzliche Binde- und Geliermittel

Geliermittel verdicken und verfestigen flüssige Lebensmittel und halten sie feucht. Das häufigste Geliermittel ist die aus tierischem Kollagen gewonnene Speisegelatine. Sie ist für die vegetarische Küche nicht geeignet. Inzwischen gibt es in Bioläden und Reformhäusern eine ganze Reihe von pflanzlichen Alternativen. Einige werden auch in der Lebensmittelproduktion eingesetzt. Sie gelten als Zusatzstoffe und haben deshalb eine E-Nummer.

Kuzu 1

Kuzu oder **Kudzu** ist ein geschmacksneutrales pflanzliches Bindemittel aus den getrockneten und pulverisierten Wurzeln der japanischen Kletterpflanze Kuzu. Es kann zum Binden von Suppen, Saucen und Süßspeisen verwendet werden. Kuzu enthält viele Vitamine und Mineralstoffe und gilt deshalb als das gesundheitlich wertvollste Bindemittel.

Vegetarische Gelatine 2

Vegetarische Gelatine besteht unter anderem aus einem Carrageen (Kappa) und Johannisbrotkernmehl. Sie ist hitzereversibel, hat ein angenehmes Mundgefühl und bleibt bis zu einer Temperatur von 65 Grad stabil. Wird die Gelatine nicht genügend erhitzt, wird die Flüssigkeit nur verdickt, sie geliert nicht. Die empfohlene Menge liegt zwischen 50 und 60 g pro Liter.

Agar-Agar 3

Agar-Agar (E 406) ist ein pflanzliches Gelier- und Verdickungsmittel aus getrockneten Rotalgen, das auch für Ökolebensmittel zugelassen ist. Es wird meist als Pulver angeboten. Agar-Agar ist geschmacksneutral und eignet sich wie Gelatine für fast alle Speisen. Es muss einige Minuten in Flüssigkeit gekocht werden und geliert erst beim Abkühlen. Die verschiedenen Produkte haben eine unterschiedliche Gelierwirkung, deshalb sollte man die Packungsanweisung genau befolgen.

Pektin 4

Als **Pektin** bezeichnet man eine Gruppe von Ballaststoffen, die als Verdickungs- und Geliermittel (E 440a und b) vor allem in der Lebensmittelindustrie eingesetzt werden. Pektin wird hauptsächlich aus Obst mit hohem Pektingehalt wie Äpfeln oder Zitrusfrüchten gewonnen und flüssig oder in Pulverform angeboten. Am bekanntesten ist das Apfelpektin.

Johannisbrotkernmehl 5

Aus dem Samen des Johannisbrotbaums wird das **Johannisbrotkernmehl** oder **Carubenmehl** (E 410) gewonnen. Es ist für Biolebensmittel zugelassen und bindet auch kalte Flüssigkeiten. Deshalb eignet es sich besonders gut zum Binden und Gelieren von Süßspeisen und Sahne.

1
2
3
4
5

Vegetarischer Käse

Montello 1
Italien

Toscana-Käse 2
Niederlande

Wiesengouda 3
Deutschland

Bio-Alpenperle 4
Österreich

Coburger Brietorte 5
Deutschland

L'amour rouge d'Antoine 6
Deutschland

Junger Gouda 7
Niederlande, Deutschland

Ziegenbeaupierre 8
Niederlande

Le Bouton de Rose 9
Deutschland

Ziegenfrischkäse 10
Deutschland

Ob Kuh-, Ziegen- oder Schafskäse, der Beginn der Käseerzeugung ist immer derselbe: Zuerst wird die Milch durch Impfung mit Sauermilchbakterien oder durch Zugabe von Lab zum Gerinnen gebracht – sie wird dickgelegt, wie der Fachmann sagt. Tierisches Lab wird aus Enzymen gewonnen, die in der Magenschleimhaut junger Kälber oder Lämmer vorhanden sind. Immer häufiger wird es durch mikrobielles Lab ersetzt, ein Enzym, das von bestimmten Schimmelpilzen produziert wird.

Früher verwendete man im gesamten Mittelmeerraum bei der Käseherstellung zum Gerinnen der Milch ein sogenanntes pflanzliches Labferment aus den Stempeln von Distelblüten. Meist benutzte man die Blüten der Kardone oder spanischen Artischocke (Cynara cardunculus), die auch in kargen Regionen wächst. Die zarten Artischockenblüten werden im Frühsommer geerntet und getrocknet, anschließend werden die Blütenstempel entfernt. Eine Messerspitze der getrockneten Stempel genügt für die Gerinnung von 10 Litern Milch. Um das Labferment zu erhalten, wässert man die Stempel einige Stunden in lauwarmem Wasser, zerstampft sie dann in einem Mörser und gibt sie mit dem Einweichwasser zur Milch. Bis heute werden einige auf traditionelle Weise erzeugte Käsesorten in Spanien und Portugal mit diesem Labferment hergestellt.

Veganern bleibt nur der Weg in den Bioladen, ins Reformhaus oder der Einkauf bei einem Online-Versandhandel. Sie bieten inzwischen eine größere Auswahl veganer „Käsesorten" an. Diese Imitate werden aus pflanzlichen Zutaten wie Sojabohnen, Sonnenblumen- oder Kokosöl, Palm- oder Nussfett und pflanzlichen Gerinnungsmitteln produziert.

1
2
3
4
5
6
7
8
9
10

Kleines Gemüse-Einmaleins

Einkauf

Regional, saisonal und ökologisch erzeugt – diese drei Prinzipien sind bei Gemüse fast schon eine Garantie für Qualität und Geschmack. Damit Gemüse und Früchte ihre ganze Aromenvielfalt entwickeln und ihre wertvollen Inhaltsstoffe bewahren können, müssen sie reif geerntet und – bis auf wenige Arten (Hülsenfrüchte, Knollen und Kürbisse) – möglichst erntefrisch gegessen werden. Wer sichergehen will, greift zu Biogemüse aus regionalem ökologischem Anbau. Das findet man nur dann auf dem Markt, wenn es tatsächlich Saison hat. Denn die Natur und die genau reglementierten Anbaubedingungen lassen es gar nicht zu, dass rund ums Jahr geerntet werden kann.

Lagerung

Die meisten Gemüsesorten können ohne große Qualitäts- und Nährstoffverluste zwei bis drei Tage im Gemüsefach des Kühlschranks aufbewahrt werden. Gurken, Tomaten und Zucchini gehören allerdings nicht in den Kühlschrank, weil sie dort schnell schimmeln. Sie bleiben am längsten haltbar, wenn sie an einem kühlen, dunklen Platz gelagert werden. Vorsicht: **Tomaten** geben beim Reifen Ethylen ab. Das natürliche Reifegas lässt beispielsweise Artischocken, Blumenkohl, Gurken, Möhren und Paprikaschoten schneller reifen (und verderben). Sie sollten deshalb getrennt von anderem Gemüse gelagert werden, am besten in einer Vorratskammer oder im Keller. Man kann diese Eigenschaft auch positiv nutzen: Harte Kiwis und Avocados werden in Gesellschaft von Tomaten schneller reif und weich.

Putzen

Alle Gemüse sollte man erst direkt vor der Zubereitung putzen. Zunächst alle nicht essbaren Teile wie Wurzeln und Stielansätze entfernen. Dann das unzerkleinerte Gemüse kurz unter fließendem kaltem Wasser waschen und mit Küchenpapier trocken tupfen. Anschließend alle Schadstellen wegschneiden und das Gemüse nach Rezeptanweisung klein schneiden. Bei **Tomaten** immer den Stielansatz herausschneiden. Er enthält in geringen Mengen das natürliche Gift Solanin, das sich auch in den grünen Stellen und Keimen von **Kartoffeln** findet und vor allem bei Kindern zu Magenbeschwerden und Durchfall führen kann. **Pilze** niemals zum Säubern in Wasser legen, denn sie saugen – wie ihr bayerischer Name „Schwammerl" schon verrät – das Wasser wie ein Schwamm auf. Beim Kochen oder Braten geben sie das Wasser dann wieder ab und verlieren dadurch viel an Geschmack. Vor allem bei Zuchtpilzen genügt es in der Regel (außer bei Pilzen mit vielen Lamellen, zum Beispiel Morcheln), sie einfach mit Küchenpapier abzuwischen und die trockenen Stielenden abzuschneiden. Waldpilze werden mit einem feuchten Tuch abgerieben, anhaftende Tannennadeln oder Erdreste können auch mit einer speziellen Bürste entfernt werden.

Gewusst wie

Artischocken werden in der deutschen Küche immer beliebter. Ihre Zubereitung ist viel einfacher, als viele glauben. Das zeigen die Seiten 146 und 147 in diesem Buch.

Avocados schmecken vollreif am besten. Man erkennt die Reife daran, dass ihre Schale auf leichten Fingerdruck nachgibt. Um das Fruchtfleisch auszulösen, schneidet man die Avocado mit einem scharfen Küchenmesser der Länge nach einmal um den Kern herum ein. Dann dreht man die Fruchthälften in entgegengesetzter Richtung auseinander und löst den Kern heraus. Anschließend fährt man mit einem Esslöffel an der Innenseite der Schalen entlang und trennt damit das Fruchtfleisch von der Schale.

Blattsalat immer erst kurz vor dem Servieren anmachen. Salatblätter enthalten viel Wasser, das sie in ihren Zellen speichern. Wenn man die Blätter zu lange in der Salatsauce liegen lässt, entzieht das Dressing ihnen die Feuchtigkeit. Das liegt vor allem am Salz in der Sauce.

Der Geschmack von **Roten Beten** ist am intensivsten, wenn man sie selbst gart. Das geht ganz einfach: Rote Beten waschen, trocken tupfen und jede Knolle in Alufolie einwickeln. Auf ein Backblech legen und je nach Größe 40–60 Minuten im auf 200 Grad Ober-/Unterhitze vorgeheizten Backofen backen. Anschließend aus der Folie nehmen, etwas abkühlen lassen und schälen. Die Knollen färben sehr stark, deshalb am besten Küchenhandschuhe tragen. Die Knollen nach Rezeptanweisung weiterverarbeiten.

Tomatenschale ist schwer verdaulich. Deshalb ist es für viele Gerichte besser, die Tomaten vor dem Kochen zu häuten. Dazu den Stielansatz herausschneiden und die Tomaten oben kreuzweise einritzen. Tomaten 10 Sekunden in kochendes Wasser legen, herausheben und in eiskaltem Wasser abschrecken. Danach lässt sich die Haut mit einem kleinen, spitzen Messer ganz leicht abziehen.

Kräuter aufbewahren

Frische **Küchenkräuter** sind das A und O einer guten Küche. Schnittlauch, Dill und Petersilie sind Universalgewürze für Dips, Saucen, Suppen und Salate. Salbei und Oregano geben Nudeln und Reis eine italienische Note, Thymian, Rosmarin und Estragon zaubern ein Stück Frankreich auf den Teller, Koriander und Minze verleihen Gerichten orientalisches Flair. Beim Einkauf sollten Kräuter keine vertrockneten Spitzen oder welken Blätter haben. Zur Aufbewahrung für ein paar Tage gehören sie nicht in die Vase, sondern in das Gemüsefach des Kühlschranks. Vorher werden sie entweder locker in feuchtes Küchenpapier oder in Frischhaltefolie eingeschlagen. Wer das erntefrische Aroma von Küchenkräutern längerfristig erhalten will, kann Kräuter mit einem intensiven Eigengeschmack trocknen oder einfrieren.

Anhang

BRAGARD
Achim Schwekendiek
BRAGARD
BRAGARD

Dank

Danke möchte ich zuerst allen sagen, die mich inspiriert haben, die Rezepte in diesem Buch zu entwickeln. Dazu zählen unter anderen in erster Linie meine Lehrmeister Manfred Jungen, Helmut Ammann, Alfred Friedrich, Bernhard Diers, Heinz Winkler, Eric Fréchon und Christian Constant. Sie haben mich und meine Arbeit geprägt – und ihnen verdanke ich meinen Küchenstil.

Danke möchte ich insbesondere Anja und Jan sagen, die mich auch beim Schreiben der Rezepte unterstützt haben.

Danke, Benny und Marcel, für all eure kreativen Ideen und die vielen Stunden, die ihr für das Kochen und Anrichten der Gerichte geopfert habt.

Danke, Karsten. Seit vielen Jahren unterstützt du mich voller Respekt; du förderst mich mit deiner konstruktiven Kritik, die mich immer wieder erneut anspornt, für unsere Gäste das Beste zu geben.

Ein herzlicher Dank an Hubertus, Benedikt und Tim, die meine Rezepte mit immer neuen Ideen in tolle Fotos verwandeln.

Danke dir, Ria, für all dein Mitdenken, für all deine Kreativität, für all deine Sorgfalt, für all die vielen Nachtstunden, die du in unser Projekt gesteckt hast.

Und ein Dankeschön an Elisabeth, die Rezepte, Texte und Bilder mit scheinbarer Leichtigkeit in ein Buch verwandelt.

Zuletzt ein Dankeschön an den Becker Joest Volk Verlag, der das Erscheinen dieses Buches ermöglicht hat. Danke für die in jeder Weise gute Zusammenarbeit.

Achim Schwekendiek

In dieser Reihe sind bisher erschienen ...

Kalte Küche

Warme Küche

Party

Desserts

Salate

Gratinieren

Vegetarisch

Impressum

Originalausgabe Becker Joest Volk Verlag

1. Auflage September 2014

ISBN 978-3-95453-035-9

Rezepte, Foodstyling: Achim Schwekendiek
Food-Fotografie: Hubertus Schüler
Step-Fotografie: Benedikt Koester
Fotoassistenz: Tim Wachnowski
Projektmanagement: Ria Lottermoser
Satz: Elisabeth Petersen
Bildbearbeitung und Lithografie:
Makro Chroma Joest & Volk OHG, Werbeagentur, Hilden
Text: Ingeborg Pils
Lektorat: Ria Lottermoser, Doreen Köstler
Druck: Firmengruppe APPL, aprinta druck GmbH

Praktisch: Die Einkaufslisten zu den Rezepten aus diesem Buch
können Sie unter
www.bjvvlinks.de/1012
für die gewünschte Personenzahl berechnen
und für Ihren Einkauf ausdrucken.